어린이 원고지 바로 쓰기의 길잡이

어린이 원고지 쓰기

편집부 편

KB121572

태을 출판사

어·린·이·원·고·지·쓰·기

머리말

원고지 쓰기란 글의 내용을 시각적으로 평가하여 전달하는 것입니다. 내용을 아무리 구분하여 잘 썼다하더라도 이를 전달하는 방법이 정리되어 있지 못하여 읽는 이로 하여금 혼란스럽게 한다면 그 내용까지도 충분히 전달하지 못할 것입니다. 때문에 내용은 단락별로, 또는 첫머리와 글을 아무리 잘 구분하여 썼다고 하더라도 전달 과정에서 혼란스러워 읽는 이가 이를 구분하지 못한다면 이 내용은 충실하게 꾸미지 못한 것과 같습니다.

원고지 쓰기는 글을 원고지 쓰기를 통해 처음 시작하는 글과 단락이 바뀔 때, 또는 인용문을 인용하거나 대화문을 쓸 때 등 이들을 분명하게 구분하도록 하고 쓰고 있습니다. 이런 구분은 백지나 가로선만 그어진 노트로는 표현하기가 어렵습니다. 그래서 글짓기와 글을 바르게 쓰기를 배울 때는 원고지 쓰기를 통해 배워야 바르게 배울 수 있습니다.

이 책은 어린이가 원고지 쓰기를 배우기 편리하게 '원고지 쓰기의 바른 예'와 '원고지 쓰기의 틀린 예' 등을 나란히 놓아 이를 쉽게 구분하고 배울 수 있게 꾸몄습니다. 또 한단계 한단계를 진행해 나가는 사이마다 '연습문제'와 '해답'을 넣음으로써 충분히 반복하도록 꾸몄습니다. 또 글 유형이 다른, 원고지 쓰기를 넣어 어떤 종류의 원고지 쓰기에 모두 익숙하도록 하였습니다. 아무쪼록 이 원고지 쓰기를 통해 어린이의 글쓰기가 더욱 분명히 표현될 수 있기를 바랍니다.

어·린·이·원·고·지·쓰·기

차 례

제1장 원고지 쓰기

1 원고지 쓰기는 왜 배워야 하나 / 8

2 표지는 어떻게 쓰나 / 11

3 원고지의 첫머리는 어떻게 쓰나요 / 14

　① 글의 종류 쓰기 / 14

　② 제목 쓰기 / 15

　③ 소속과 성명 쓰기 / 19

　▶연습문제 / 22

4 본문은 어떻게 쓰나요 / 41

　① 한 칸 들여쓰기 / 41

　② 두 칸 들여쓰기 / 47

　▶연습문제 / 53

　③ 첫 칸을 채웁니다 / 90

　④ 띄어쓰기 / 96

　⑤ 줄 바꾸기 / 102

　⑥ 한 줄 비우기 / 105

　▶연습문제 / 113

어·린·이·원·고·지·쓰·기

차 례

제2장 문장부호와
종류별 원고지 쓰기

1 문장 부호 쓰기 / 138

　① 부호 표시법 / 138

　② 줄 끝에서 부호 처리 / 142

　▶연습문제 / 145

2 글 종류별 원고지 쓰기 / 152

3 원고지 고치기 / 168

　① 원고지 교정 부호와 방법 / 168

　② 원고지 고치기의 실제 / 170

　▶연습문제 / 174

제 1 장

원고지 쓰기

원고지 쓰기는 왜 배워야 하나

요즘은 컴퓨터 시대라고 합니다. 그래서 글도 워드프로세서에 입력하여 프린트하여 사용합니다. 따로의 공책이나 백지에 선을 그어 연필로 쓰는 일이 필요 없게 되었습니다. 연필로 쓰는 일은 다만 어린이 여러분이나 중·고등 학생들이 학교 공부를 할 때나 숙제를 할 때뿐인 것처럼 되었습니다. 이러한 시대에 왜 원고지를 놓고 글을 써야 할까요?

여기서 대답 대신 어린이 여러분에게 질문을 하나 합니다. 워드에 글을 입력시킬 때는 어떻게 할까요? 그냥 마음 내키는 대로해도 될까요? 다음의 예를 보지요.

어느시골에 글솜씨 뿐만이 아니라 활 쏘는 솜씨 또한뛰어난 젊은 선비가 있었습니다. 늘 활과 화살을 지니고 다녔지요.
이젊은 선비도 과거를 보러 한양 으로 가고 있는 길이었습니다.
여러숲을 지나 가던 중 젊은 선비는 어디선가안타 깝게 울부짖는 까치소리를 들었습니다.

보는 것과 같이 너무 어수선하고 정돈되지 않았습니다. 이는 글을 쓰는 사람에게도 불편할 뿐 아니라 글을 읽는 사람에게는 더욱 무슨 뜻인지 이해하기가 쉽지 않습니다. 이제는 위의 글을 일정한 형식에 의해 정리되어진 글을 보지요.

　　어느 시골에 글솜씨 뿐만이 아니라 활쏘는 솜씨 또한 뛰어난 젊은 선비가 있었습니다. 늘 활과 화살을 지니고 다녔지요. 이 젊은 선비도 과거를 보러 한양으로 가고 있는 길이었습니다.
　　여러 숲을 지나가던 중 젊은 선비는 어디선가 안타깝게 울부짖는 까치소리를 들었습니다.

위의 글은 여러분이 저학년 때 사용했던 쓰기 공책에 다시 옮겨 보겠습니다.

	어	느		시	골	에		글	솜	씨		뿐	만
이		아	니	라		활	쏘	는		솜	씨		또
한		뛰	어	난		젊	은		선	비	가		있
었	습	니	다	.		늘		활	과		화	살	을
지	니	고		다	녔	지	요	.		이		젊	은
선	비	도		과	거	를		보	러		한	양	으
로		가	고		있	는		길	이	었	습	니	다.
	여	러		숲	을		지	나	가	던		중	
젊	은		선	비	는		어	디	선	가		안	타
깝	게		울	부	짖	는		까	치		소	리	를
들	었	습	니	다	.								

이번에는 이를 다시 원고지에 옮겨 적어 보겠습니다.

어	느		시	골	에		글	솜	씨		뿐	만	이		아	니	라	
활	쏘	는		솜	씨		또	한		뛰	어	난		젊	은		선	비	가
있	었	습	니	다	.		늘		활	과		화	살	을		지	니	고		다
녔	지	요	.		이		젊	은		선	비	도		과	거	를		보	러
한	양	으	로		가	고		있	는		길	이	었	습	니	다	.		
	여	러		숲	을		지	나	가	던		중		젊	은		선	비	는
어	디	선	가		안	타	깝	게		울	부	짖	는		까	치		소	리
를		들	었	습	니	다	.												

원고지 쓰기란 우리가 글을 바르게 쓰기 위함이요, 또 읽기에 편리하게 하기 위함입니다. 그런데 이처럼 쓰기에 편리하고 읽기에 편리하기 위해서는 글의 뜻에 따라, 또는 글 속에 포함된 서로 다른 형식을 알기 쉽게 드러내기 위해 몇 가지 규칙을 정해 놓는 것입니다. 이 규칙은 원고지 쓰기의 규칙이면서 동시에 우리가 교과서 글에서 볼 수 있는 것처럼 책의 편집에서 같이 적용될 수 있는 규칙입니다. 다시 말해서 원고지 쓰기란 모든 글을 쓰는데 적용되는 규칙을 원고지란 편리한 용지를 통해 배우는 것입니다.

② 표지는 어떻게 쓰나

　표지란 하나의 내용을 여러 장의 원고지에 옮겨 적은 뒤, 그 글의 주제와 제목, 학교와 학년, 이름 등을 적은 첫 장을 말합니다.

예 1

	○○ 주체 제○회 전국 독서 감상문 쓰기 대회
○	읽은 책 : ＿＿＿＿＿＿＿　　지은이 : ＿＿＿＿＿
○	출판사 : ＿＿＿＿＿＿＿＿＿＿＿＿＿＿＿＿＿＿

제목	

○	학교 ＿＿＿＿＿＿＿
○	학년　　반 ＿＿＿＿＿
	이름 ＿＿＿＿＿＿＿

예 2

글의 종류 : _____

○

○   제목 ‖ _____

○

○   _____ 학년   반

         이름 : _____

---

① 표지를 별도로 첨가하는 경우와 별도로 첨가하지 않는 경우

　앞에서 본 것과 같이 표지를 한 경우도 있지만 표지를 별도로 하지 않고 본문의 첫머리 위에 표시하는 경우도 있습니다. 이 때는 원고지의 양이 많지 않을 때 대개 이처럼 사용하며, 또 비슷한 양이라 해도 주체 측이 학교 밖의 곳일 때는 별도의 표지를 만들지만, 교내일 때는 별도의 표지를 붙이지 않은 경우가 많습니다. 이는 여러 학교의 학생을 상태로 하여 많은 글을 모을 때는 글의 종류와 제목, 주소 등을 쓰고 종류별로 분류해야 하는 이유 때문에 표지가 별도로 첨가된 것이 편리하지만, 교내에서 실시하는 행사일 때는 대개 주제나 글의 종류가 제한되어 있으므로 번거롭게 별도의 표지가 첨가된 글을 요구하지 않습니다.

② 표지에는 무엇을 쓰나

　표지를 별도로 하는 경우와 별도로 하지 않는 경우 모두에는 다음과 같은 사항이 나타나야 합니다.

　① 글의 종류 : 동시, 동화, 산문, 기행문, 독서 감상문, 조사 보고문, 논설 문 등

② 제목 : 보통은 하나 제목을 쓰지만 제목을 구체적으로 나타내주는 부제목을 함께 쓰기도 합니다.

③ 소속과 성명 : 소속은 대외 응모일 때는 학교의 주소와 이름, 학년과 반, 이름 등은 모두 쓰지만 교내에 제출하는 글인 경우는 학년과 반, 이름만을 적습니다.

3 원고지의 첫머리는 어떻게 쓰나요

1 글의 종류 쓰기

글의 종류는 첫줄의 둘째 칸부터 쓰는 것이 보통이나 < >를 넣을 때는 첫 칸부터 쓰기도 합니다.

예 1 (○)

	동	화																	

예 2 (○)

<	동	화	>																

또는, < >를 넣을 때도 둘째 칸부터 쓰기도 합니다.

예 3 (○)

	<	동	화	>															

2 제목 쓰기

♣ 제목은 둘째 줄 (2행) 중앙에 놓이게 하되 제목이 두 글자일 경우에는 칸을 벌려 답답하지 않게 합니다.

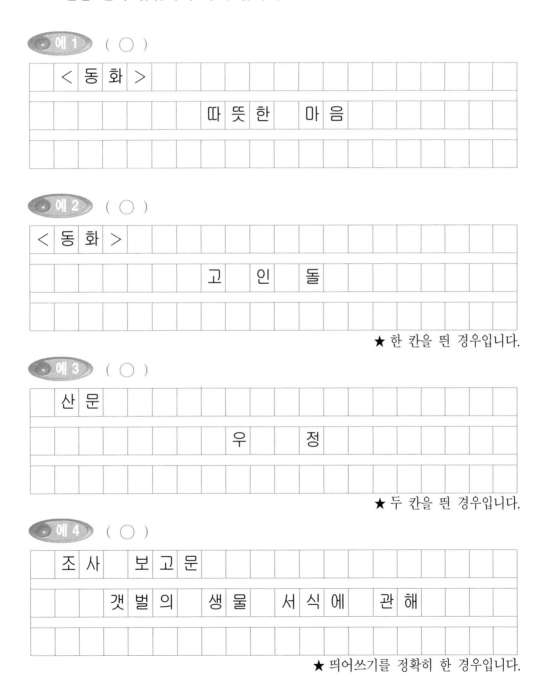

예1 (○)

＜동화＞ / 따뜻한 마음

예2 (○)

＜동화＞ / 고 인 돌

★ 한 칸을 띈 경우입니다.

예3 (○)

산문 / 우 정

★ 두 칸을 띈 경우입니다.

예4 (○)

조사 보고문 / 갯벌의 생물 서식에 관해

★ 띄어쓰기를 정확히 한 경우입니다.

♧ 제목을 쓸 때는 문장부호를 사용하지 않습니다.

예 1 (○)

	<	논	설	문	>													
			교	통		규	칙	을		지	키	자						

예 2 (×)

	<	논	설	문	>													
			자	연		보	호	에		앞	장	서	자	.				

예 3 (×)

산	문																	
				아	!		두	만	강									

예 4 (○)

산	문																	
				아	,		두	만	강									

♣ 같은 계열의 낱말이 열거된 때에는 쉼표 , 대신 가뎃점 · 을 씁니다.

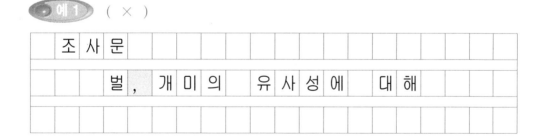

♣ 줄임표(……)는 사용하지 않습니다.

예 1 (×)

<	시	>													
		모	란	이		피	기	까	지	는	…	…			

예 2 (○)

<	시	>													
		모	란	이		피	기	까	지	는					

♣ 제목이 길 때는 두 줄에 씁니다.

예 1

	<	시	>												
			아	직	은		촛	불	을						
						켤		때	가		아	닙	니	다	

예 2

	<	산	문	>											
		그	해		겨	울	에		가	버	린				
					친	구	를		생	각	하	면	서		

♣ 부제가 있으면 본 제목 아랫줄에 쓰되 양끝에 줄표 $-$ 를 합니다.

예 1 (○)

	<	독	서	감	상	문	>												
		나	라	를		사	랑	한		애	국	자	의		정	신			
						–	'백	범	일	기'	를		읽	고	–				

예 2 (○)

	<	독	서	감	상	문	>												
		나	라	를		사	랑	한		애	국	자	의		정	신			
						–	'	백	범	일	기	'	를		읽	고	–		

③ 소속과 성명 쓰기

소속과 성명은 본래 제목 아래의 한 줄을 비우고 다음 두 줄에 쓰는 것이나 제목과의 균형을 생각하여 왼쪽에 두 칸을 비우고 쓰는 것이 보통입니다.

예 1

	<	논	설	문	>														
					우	리		글	을		사	랑	하	자					
								서	울		○	○	초	등	학	교			

								4	학	년		최	성	원	

예 2

	<	논	설	문	>										
			우	리		글	을		사	랑	하	자			
						서	울		○	○	초	등	학	교	
							4	학	년		최	성	원		

♧ 성명의 글자 사이는 한 칸씩 띄어 써도 됩니다. 이는 성명만 쓸 때 답답함을 피하기 위해서입니다.

예 1

	<	동	화	>											
			마	음	의		창	을		열	고				
										김		민		정	

♧ 학교 내에 제출하는 원고가 아니고 다른 기관의 공모에 응할 때는 학교 앞에 지역 이름은 써 줍니다.

예 1

	<	논	설	문	>						
		자	연		보	호	에		앞	장	서 자
						청	주		주	성	초 등 학 교
								6	학	년	최 혁 순

♣ 학교 안에서 보일 원고일 때는 소속은 학교와 반만 적으면 됩니다.

예 1

	<	동	시	>						
			파	란		마	음		하 얀	마 음
								4	학 년	2 반
								4	번	이 정 민

예 2

	<	동	시	>						
			파	란		마	음		하 얀	마 음
								4	번	이 정 민

연습문제

1. 다음은 '글의 종류' 쓰기입니다. 맞는 것에 ○표 틀리는 것에는 ×표 하세요.

①

					<	논	설	문	>						

( )

②

<	동	시	>												

( )

③

						동		화							

( )

④

								<	독	서	감	상	문	>	

( )

⑤

															기	행	문		

(   )

2. 다음에 적은 글의 종류를 원고지 쓰기에 맞춰서 바르게 써 봅시다.

① 독서감상문   ② 동화

③ 기행문   ④ 논설문

⑤ 시조

①

②

③

④

<table>
<tr><td></td><td></td><td></td><td></td><td></td><td></td><td></td><td></td><td></td><td></td><td></td><td></td><td></td><td></td><td></td><td></td><td></td><td></td><td></td></tr>
<tr><td></td><td></td><td></td><td></td><td></td><td></td><td></td><td></td><td></td><td></td><td></td><td></td><td></td><td></td><td></td><td></td><td></td><td></td><td></td></tr>
<tr><td></td><td></td><td></td><td></td><td></td><td></td><td></td><td></td><td></td><td></td><td></td><td></td><td></td><td></td><td></td><td></td><td></td><td></td><td></td></tr>
</table>

⑤

<table>
<tr><td></td><td></td><td></td><td></td><td></td><td></td><td></td><td></td><td></td><td></td><td></td><td></td><td></td><td></td><td></td><td></td><td></td><td></td><td></td></tr>
<tr><td></td><td></td><td></td><td></td><td></td><td></td><td></td><td></td><td></td><td></td><td></td><td></td><td></td><td></td><td></td><td></td><td></td><td></td><td></td></tr>
<tr><td></td><td></td><td></td><td></td><td></td><td></td><td></td><td></td><td></td><td></td><td></td><td></td><td></td><td></td><td></td><td></td><td></td><td></td><td></td></tr>
</table>

3. 다음은 '제목 쓰기'입니다. 맞는 것에는 ○표, 틀리는 것에는 ×표를 하세요.

①

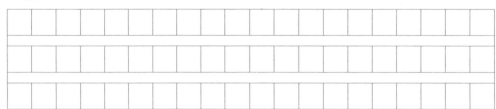

<table>
<tr><td></td><td>동</td><td>화</td><td></td><td></td><td></td><td></td><td></td><td></td><td></td><td></td><td></td><td></td><td></td><td></td><td></td><td></td><td></td><td></td></tr>
<tr><td></td><td>산</td><td>골</td><td></td><td>마</td><td>을</td><td></td><td>이</td><td>야</td><td>기</td><td></td><td></td><td></td><td></td><td></td><td></td><td></td><td></td><td></td></tr>
<tr><td></td><td></td><td></td><td></td><td></td><td></td><td></td><td></td><td></td><td></td><td></td><td></td><td></td><td></td><td></td><td></td><td></td><td></td><td></td></tr>
</table>

( )

②

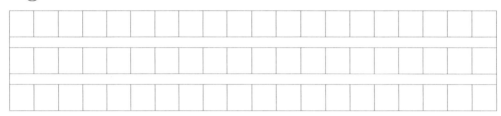

<table>
<tr><td><</td><td>동</td><td>시</td><td>></td><td></td><td></td><td></td><td></td><td></td><td></td><td></td><td></td><td></td><td></td><td></td><td></td><td></td><td></td><td></td></tr>
<tr><td></td><td></td><td></td><td></td><td>엄</td><td>마</td><td>야</td><td></td><td>누</td><td>나</td><td>야</td><td></td><td>강</td><td>변</td><td>가</td><td></td><td>살</td><td>자</td><td></td></tr>
<tr><td></td><td></td><td></td><td></td><td></td><td></td><td></td><td></td><td></td><td></td><td></td><td></td><td></td><td></td><td></td><td></td><td></td><td></td><td></td></tr>
</table>

( )

③

	논	설	문																
		우	리	의		전	통		음	악	을		아	끼	자				

( )

④

<	시	>																	
							등	불											

( )

⑤

<	설	명	문	>															
		우	리		문	화	를		배	우	자	!							

( )

⑥

	기	행	문																
			경	주	에		다	녀	와	서									

( )

⑦

<	논	설	문	>															
			내		물	건	의		소	중	함	을	…	…					

( )

⑧

<	논	설	문	>															
	우	리		농	산	물	·	우	리		민	족	은		하	나			

( )

4. 다음 제목을 원고지 쓰기에 맞춰 바르게 써 봅시다.
   ① 시 – 봄이 오는 소리
   ② 동화 – 외가 이야기
   ③ 기행문 – 토암산에 다녀와서
   ④ 논설문 – 질서를 지키는 어린이가 되자
   ⑤ 독서 감상문 – 어린왕자의 외로움 – 쌩떽쥐베리의 '어린왕자'를 읽고
   ⑥ 동시 – 그까짓 것
   ⑦ 동화 – 양치는 소년
   ⑧ 조사 보고문 – 개미의 생활

①

②

③

④

⑤

⑥

⑦

⑧

5. 다음은 '소속과 성명 쓰기'입니다. 맞는 것은 ○표, 틀리는 것에는 ×표를 하세요.

①

	<	논	설	문	>										
				좋	은		습	관	을		기	르	자		
											○	○	초	등	학	교

| | | | | | | | 4 | 학 | 년 | | 김 | | 민 | | 수 |
| | | | | | | | | | | | | | | | |

( )

②

기	행	문													
			강	릉	을		다	녀	와	서					
						수	원		○	○	초	등	학	교	
							6	학	년		이	상	우		

( )

③

<	시	>													
						파		도							
								김		동		명			

( )

④

동	화														
			여	름	방	학	에		있	었	던		일		

| | | | | | | | | 5 | 학 | 년 | | 3 | 반 | |
| | | | | | | | | 26 | 김 | 민 | 정 | | | |

( )

⑤

독	서	감	상	문										
			빵		한	조	각	의		배	고	픔		
				–	'	장	발	장	'	을		읽	고	–
								○	○	초	등	학	교	
							6	학	년		박	성	수	

( )

⑥

<	설	명	문	>									
					곤	충	의		일	생			
								○	○	초	등	학	교
						6	학	년		이	철	승	

( )

⑦

<	동	시	>									
					파	도		소	리			
										5	학	년

										박	민	수		

(　　　)

6. 다음 제목과 소속을 원고지 쓰기에 맞춰 바르게 써 봅시다.

	글의 종류	제　목	소　속
①	동 시	우　산	서울○○초등학교 4학년 최욱현
②	동 화	청룡열차	부산 ○○초등학교 6학년 정산아
③	보고문	개미의 생활	청주 ○○초등학교 5학년 오소영
④	기행문	서해 갯벌을 다녀와서	○○초등학교 6학년 3반 이정민
⑤	논설문	자연을 사랑하자	○○초등학교 5의4 정수찬
⑥	독서감상문	콩쥐의 끝없는 사랑 -'우리고전'을 읽고	○○초등학교 28번 강덕수
⑦	동시	냇물	서울 ○○ 초등학교 3학년 이상수
⑧	동화	우리 동네 이야기	청주 ○○ 초등학교 4학년 최민성

①

②

③

④

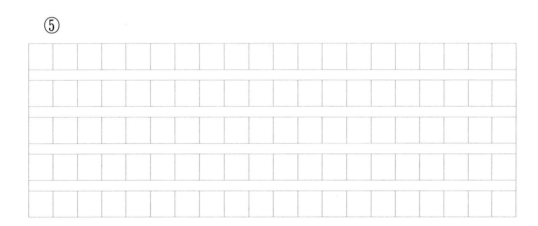

⑤

⑥

⑦

⑧

1. ① (×)　　② (○)　　③ (×)　　④ (×)　　⑤ (×)

♣ 글의 종류는 언제나 첫째 줄의 첫 칸이나 둘째 칸에 씁니다. 이때 < >의 부호는 넣어도 되고 안 넣어도 됩니다.

2. ①

	독	서	감	상	문													

②

	<	동	화	>														

③

<	기	행	문	>														

④

	논	설	문															

⑤

	<	시	조	>														

3. ① (×)　　② (×)　　③ (○)　　④ (○)　　⑤ (×)
　　⑥ (○)　　⑦ (×)　　⑧ (○)

4. ①

		＜	시	＞													
					봄	이		오	는		소	리					

②

	동	화															
					외	가		이	야	기							

③

	＜	기	행	문	＞												
				토	담	산	에		다	녀	와	서					

④

	논	설	문														
		질	서	를		지	키	는		어	린	이	가		되	자	

⑤

<	독	서	감	상	문	>													
			어	린	왕	자	의		외	로	움								
					–	쌩	땍	쥐	베	리	의								
					‘	어	린	왕	자	’	를		읽	고	–				

⑥

	동	시																	
					그	까	짓		것										

⑦

	<	동	화	>															
					양	치	는		소	년									

⑧

	조	사		보	고	문													
					개	미	의		생	활									

5. ① (×) ② (×) ③ (○) ④ (○) ⑤ (○)
⑥ (○) ⑦ (×)

♣ 소속과 성명은 제목 다음 줄이나, 또는 한 줄 비우고 그 다음 줄에 쓰되 오른쪽으로 두 칸을 비워 놔야 합니다. ①은 오른쪽은 비우지 않았고 ②는 오른쪽은 한 칸만 비웠습니다.

6. ①

	동	시													
							우		산						
							서	울		○	○	초	등	학	교
									4	학	년		최	욱	현

②

	<	동	화	>											
							청	룡	열	차					
							부	산		○	○	초	등	학	교
								6	학	년		정	선	아	

③

	보	고	문												
					개	미	의		생	활					
							청	주		○	○	초	등	학	교
								5	학	년		오	소	영	

④

<	기	행	문	>															
			서	해		갯	벌	을		다	녀	와	서						
										○	○	초	등	학	교				
					6	학	년		3	반		이	정	민					

⑤

	논	설	문																
				자	연	을		사	랑	하	자								
									○	○	초	등	학	교					
								5	의	4		정	수	찬					

⑥

	<	독	서	감	상	문	>												
			콩	쥐	의		끝	없	는		사	랑							
			–	‘ 우	리		고	전 ’	을		읽	고	–						
									○	○	초	등	학	교					
								28	번		강	덕	수						

⑦

	동	시												
						냇		물						
						서	울		○	○	초	등	학	교
							3	학	년		이	상	수	

⑧

	동	화												
				우	리		동	네		이	야	기		
						청	주		○	○	초	등	학	교
							4	학	년		최	민	성	

본문은 어떻게 쓰나요

 한 칸 들여쓰기

♣ 본문이 시작될 때와 문단이 바뀌어 줄을 바꾸어 새로 시작할 때는 그
줄의 첫 칸을 비우고 둘째 칸부터 씁니다.

<	산	문	>										
						풀		꽃					
										○	○	○	
	꽃		시	장	에		갔	다	가		현	기	증	을		느	끼	고
돌	아	온		적	이		있	다	.		지	나	치	다		싶	게		화	려
한	,		그	것	도		어	느		나	라	에	서		들	어	왔	는	지
알		수		없	는		꽃	들	이		무	더	기	로		모	여		있

★ 글이 처음 시작될 때 첫째 칸을 비운 예입니다.

<	소	설	>										
						철	이	의		궁	금	증	
	등	산	을		하	고		집	으	로		돌	아	오	는		길	에
철	이	는		영	수	와		말	다	툼	을		하	였	다	.
	산		정	상	까	지		올	라	갔	다	가		어	둑	어	둑	해	져

| 내 | 려 | 오 | 는 | | 중 | 이 | 었 | 다 | . | | 한 | 참 | | 즐 | 겁 | 게 | | 떠 | 들 | 면 |

| 서 | | 가 | 는 | 데 | , | 시 | 커 | 먼 | | 새 | | 한 | | 마 | 리 | 가 | | 머 | 리 |

★ 문단이 바뀌어 새 문단이 시작될 때 첫째 칸을 비운 예입니다.

♣ 대화는 딴 줄을 잡아서 쓰며, 대화 글 전체를 한 칸씩 들여 씁니다.

| | 이 | 모 | 는 | | 다 | 보 | 탑 | | 주 | 위 | 를 | | 돌 | 며 | | 연 | 달 | 아 |

| 셔 | 터 | 를 | | 눌 | 렀 | 다 | . | | 그 | 러 | 나 | | 낡 | 은 | | 돌 | 조 | 각 | 에 |

| 푸 | 른 | | 이 | 끼 | 가 | | 낀 | | 모 | 습 | 을 | | 보 | 고 | | 나 | 는 | | 적 |

| 이 | | 실 | 망 | 하 | 고 | | 말 | 았 | 다 | . |

| | " | 샛 | 별 | 아 | , | 이 | 리 | | 와 | 서 | | 좀 | | 봐 | . | " |

| | 이 | 모 | 는 | | 덤 | 덤 | 한 | | 표 | 정 | 으 | 로 | | 다 | 보 | 탑 | 을 | | 바 |

| 라 | 보 | 고 | | 있 | 는 | | 나 | 에 | 게 | | 손 | 짓 | 을 | | 했 | 다 | . |

| | " | 이 | 것 | 은 | | 순 | 백 | 색 | | 화 | 강 | 석 | 으 | 로 | | 만 | 들 | 었 | 어 | . |

| 지 | 금 | 은 | | 비 | 록 | | 푸 | 른 | | 이 | 끼 | 가 | | 끼 | 었 | 지 | 만 | … |

| 기 | 단 | 부 | | 사 | 방 | 에 | | 계 | 단 | 을 | | 만 | 들 | 어 | | 안 | 정 | 감 |

| 과 | | 예 | 술 | 적 | | 감 | 각 | 을 | | 높 | 이 | 고 | , | 그 | | 위 | | 사 |

| 방 | | 모 | 퉁 | 이 | 와 | | 중 | 앙 | 에 | | 돌 | 기 | 둥 | 을 | | 세 | 웠 | 어 | . |

| 그 | 리 | 고 | | 그 | | 위 | 에 | | 갑 | 석 | 을 | | 덮 | 어 | | 팔 | 각 |

| 난 | 간 | 을 | | 돌 | 렸 | 지 | . | " |

| | 이 | 모 | 의 | | 설 | 명 | 을 | | 듣 | 고 | , | 다 | 보 | 탑 | 을 | | 자 | 세 | 히 |

관	찰	해		보	았	다	.		그	제	서	야		팔	각	으	로		된
연	꽃		모	양	의		받	침	인		연	화	석	과		옥	개	석	의

★ 위의 예문에서 ☐은 문단이 바뀌어서 바꿔 놓은 칸입니다. 대화는 전체가 한 칸씩 들여 쓰되, 처음 시작은 ""(따옴표)로 인해 두 칸을 들여 쓰게 되는 셈입니다.

	그	게		다	시		나	를		까	닭		모	르	게		움	츠	려
들	게		했	지	만	,		그	래	도		물	러	설		수	는		없	었
다	.		수	많	은		눈	초	리	가		나	를		지	켜		보	고
있	는		까	닭	이	었	다	.										
	"너	희	들	이		뭐	야	?	"									
	"나	는		체	육	부	장	이	고	,		쟤	는		미	화	부	장	이
다	.	"																
	"그	런	데		너	희	가		왜	…	…	.	"						
	"엄	석	대	가	,		반	장	이		와		보	라	고		하	잖	아 .
내	가		그	에	게		가	서		대	령	해	야		되	는		유
일	한		이	유	가		그	가		엄	석	대	이	고		반	장	이	기
때	문	이	란		걸		두		번	이	나		되	풀	이		듣	게	

★ 대화는 짧아도 각각 줄을 따로 잡아 씁니다.

♧ 본문 중에 인용문이 들어갈 때, 줄을 따로 잡아 쓸 때에는 인용문 전체를 한 칸씩 들여 씁니다.

예 1 (○)

　　다음　글은　우리가　왜　사는지에　관해
서　의문을　제기함으로써　이루어진　글이
다. 다음　글을　보자.
　　왜　우리는　살고　있는　것일까요. 우
리　인생이　가는　목적지는　어디에　있
는　것일까요?
　　위의　글은　삶에　대한　깊은　생각에서
나오는　글이다. 우리는　산다는　것을　흔

예 2 (○)

　　위의　보기와는　달리, 다음과　같은　글
에서는　불합리한　들여쓰기가　됨으로써
단락의　형식과　내용의　일치에　혼선이
드러나고　있다.

　　덕기는　조금　앉았다가　필순이더러
나아가자고　눈짓을　하여　복도로　데리
고　나왔다. 아까　필순이가　섰던　유리
창　앞에　나란히　서서　덕기는　담배를
붙이며　나를　바라보고　있다.

	위	의		글	에	서		인	용	문	의		뒤	에		덧	붙	여	지
는		딸	림		문	장	은		어	느		경	우	나		동	일	한	
기	능	이	다	.															

위와 같이 원고지에 쓴 글을 식자로 편집한 모습을 보면 다음과 같습니다. 이와 같이 식자로 편집된 모습을 비교하도록 보이는 것은 원고지 쓰기에서의 한 칸 들여 쓰거나, 한 줄 띄어쓰기가 왜 필요하며, 그렇게 함으로써 읽는 이로 하여금 어떤 시각적 도움을 주는지 보여주기 위함입니다.

위의 보기와는 달리, 다음과 같은 글에서는 불합리한 들여 쓰기 됨으로써 단락의 형식과 내용의 일치에 혼선이 드러나고 있다.

보기

덕기는 조금 앉았다가 필순이더러 나가자고 눈짓을 하여 복도로 데리고 나왔다. 아까 필순이가 섰던 유리창 앞에 나란히 서서 덕기는 담배를 붙이며 나를 바라보고 있다.

위의 글에서 인용문의 뒤에 덧붙여지는 딸림 문장은 어느 경우나 동일한 기능이다.

♧ 항목 별로 나열할 때는 한 칸씩 들여 씁니다.

	우	리	의		금	기	담	은		일	상		생	활	에	서		지	켜
야		할		예	의	나		행	동	,	바	른		몸	가	짐	에		관
한		내	용	이		많	다	.											
	(ㄱ)		남	에	게		맨	발	로		인	사	하	면		나	쁘	다	.
	(ㄴ)		남	의		것	을		훔	쳐		먹	으	면		딸	꾹	질	을
	한	다	.																
	(ㄷ)		남	의		신	발	을		훔	치	면		죽	어	서		구	렁
	이	가		된	다	.													
	(ㄹ)		어	린	아	이	가		담	배	를		피	우	면		뼈	가	
	삭	는	다	.															
	(ㅁ)		업	드	리	거	나		누	워	서		밥	을		먹	으	면	
	죽	어	서		소	가		된	다	.									
	모	두		교	훈	이		담	겨		있	는	데	,		결	과	를		나
쁘	게		제	시	하	여		바	른		행	동	을		권	장	하	고	
있	다	.																	

예2

시	조	에		대	해		알	아	
	보	자							
	(1)		형	식	이		비	슷	한
	시	조	는		어	느		것	인
가	?								
	(2)		각		시	조	의		내
용	은		무	엇	인	가	?		
	(3)		각		시	조	의		분
위	기	는		어	떠	한	가	?	

② 두 칸 들여쓰기

♧ 인용문의 첫 글이 시작될 때 두 칸을 들여 씁니다.

예 1

	흔	히		아	무	도		관	심
을		가	지	지		않	고		지
나	쳐		버	린		거	리	의	
조	각	들	에		대	하	여		일
단		관	심	을		가	지	고	
바	라	보	았	을		때		훌	륭
한		면	을		발	굴	하	여	
낼		수	가		있	다	.	다	음
글	을		보	자	.				
		많	은		사	람	들	이	
바	쁘	게		광	화	문		거	리
를		지	나	간	다	.	나	도	
그		무	리		속	에		끼	
어	서		걷	는	다	.	자	칫	
옆	눈	을		팔	다	가	는		

♧ 인용문 안에서 문단이 바뀔 때는 두 칸을 들여 씁니다.

흔	히		아	무	도		관	심	을		가	지	지		않	고		지
나	쳐		버	린		거	리	의		조	각	들	에		대	하	여		일
단		관	심	을		가	지	고		바	라	보	았	을		때		훌	룡
한		면	을		발	굴	하	여		낼		수	가		있	다	.		다	음
글	을		보	자	.												
		많	은		사	람	들	이		바	쁘	게		광	화	문		거	리
를		지	나	간	다	.		나	도		그		무	리		속	에		끼
어	서		걷	는	다	.		자	칫		옆	눈	을		팔	다	가	는	
밀	릴		지	경	이	지	만		그	러	나		나	는		나	를	
스	치	는		한	점	,		낙	엽		하	나	에	도		소	홀	할	
수	가		없	다	.		그	것	은		내		영	혼	과	의		대	화
이	기	도		하	니	까	.											
		출	입	구	가		넷	으	로		뚫	린		지	하	도	에	서	
비	각		방	향	의		출	구	를		나	설		때	마	다		나	
는		은	근	히		마	음		저		밑	바	닥	에	서		일	어
나	는		것	을		느	낀	다	.		그	것	은		훌	룡	한		각

♣ 시조, 시, 노랫말 등을 인용할 때는 두 칸을 들여 씁니다.

들	을		수		있	으	며		'	가	을	에	'		같	은		시	도
같	은		계	열	에		드	는		것	이	다	.		잘		알	려	져
있	지		않	기		때	문	에		아	래	에		인	용	해		둔	다.
		4	월	에															
		지	천	으	로		내	뿜	는										
		그	렇	게	도		발	랄	한										
		한	때		우	리	는		젊	은	이	들	의						
		피	를		쏟	았	거	니	,										

	이	처	럼		연		단	위	의		리	듬	이	나		구	성	에
대	한		규	칙	적	이	고		의	도	적	인		배	려	가		주	는
효	과	는		무	엇	인	가	.	작	품	을		통	해	서		밝	혀
보	기	로		하	자	.												
		내	고	장		7	월	은										
		청	포	도		익	어	가	는		시	절						

　이 마을 전설이 주절이 주절이 열리고

　먼 데 하늘이 꿈꾸며 알알이 들어와 박혀

　하늘밑 푸른 바다가 가슴을 열고
　흰 돛 단 배가 곱게 밀려서 오면

　내가 바라는 손님은 고달픈 몸으로
　청포를 입고 찾아온다고 했으니

　내 그를 맞아 이 포도를 따 먹으면
　두 손을 함뿍 적셔도 좋으련

　아이야 우리 식탁엔 은쟁반이
　하이얀 모시 수건을 마련해두렴

　청포도의 경우, 독립적 구문을 지닌 첫 연과 끝 연을 앞뒤에 놓고 그 안에

★ 인용하는 시 연의 첫 자는 두 칸을 들여 쓰나, 줄이 바뀌어 이어지는 자는 한 칸만 들여 씁니다. 이것은 시작하는 연보다 한 칸 나와서 써야 하기 때문입니다.

	<	동	시	>										
			이	제	는		그	까	짓		것			
	혼	자	서		버	스		타	기	도				
	겁	나	지		않	는	다	.		이	제	는	,	
	표	시		번	호		잘		보	고		타	고	
	서	두	르	지		않	으	면		된	다	.		
	그	까	짓		것	.								
	밤		골	목	도									
	혼	자	서		가	도								
	무	섭	지		않	다	,	이	제	는	.			
	정	신		똑	바	로		차	리	면		된	다	.
	그	까	짓		것	.								
	사	나	운		개		내	달	아					

		컹	컹	짖어		대	도						
	무	서	울		것		없	다	,	이	제	는	.
	마	주		보	지		말	고	,		뛰	지	말고,
	천	천	히		걸	으	면		된	다	,	그 까 짓	것.

★ 동시 등을 쓸 때도 두 칸을 들여 씁니다.

연 습 문 제

1. 다음 원고지에 쓴 글이 한 칸 들여 쓰기에 맞는 것은 ○표, 틀리는 것
   은 ×표를 하세요.

①

	<	산	문	>															
							함	께		사	는		지	혜					
	우	리		나	라		사	람	들	은		'우	리'	라	는		말	을	
아	주		좋	아	하	고		많	이		사	용	한	다	.		외	국	사
람	들	은		'나	의		엄	마'	,	'나	의		학	교'	라	고		하	지
만	,		우	리		나	라		사	람	들	은		'우	리		엄	마'	, '우
리		학	교'	라	고		한	다	.	'우	리'	라	는		이		말	은	

(   )

②

	<	논	설	문	>														
				말	은		친	절	하	게		해	야		한	다			
		말	은		그		사	람	의		마	음	을		나	타	낸	다	. 곱
고		상	냥	한		말	을		하	는		사	람	은		마	음	도	
곱	고		상	냥	하	다	.		거	칠	고		쌍	스	러	운		말	을
쓰	는		사	람	은		마	음	도		거	칠	고		난	폭	하	다	.
'말		한		마	디	에		천		냥		빚	도		갚	는	다'	라	는

(   )

54

③

<설명문>

　　　남궁억　선생과　무궁화

우리　민족은　아득한　옛날부터　흰　빛깔
을　좋아하고　태양을　숭상해　왔다.　흰
빛깔은　우리　겨레의　맑고　깨끗하며　순
수한　마음의　표상이다.　그리고　태양은
밝음의　근원으로서　모든　생명을　태어나

（　　　）

④

<기행문>

　　　무녕왕릉을　찾아서

오늘은　백제　문화의　향기를　맡으러　가
는　날이다.　공주행　버스가　달리기　시작
하자,　차창　밖으로　스쳐　가는　바람이
상쾌하게　느껴졌다.
　　백제　60여　년의　도읍지였던　공주는
북적대는　대도시에　비해　아늑한　느낌이
드는　도시였다.　시원하게　뚫린　도로　옆

|으|로| |파|란| |이|파|리|를| |흔|드|는| |가|로|수|들|이|
|한|결| |싱|그|러|워| |보|였|다|.| | | | | | | | | |

( )

⑤

	<	소	설	>															
			우	리	들	의		일	그	러	진		영	웅					
"	새	로		전	학		온		한	병	태	다	.		앞	으	로		잘
	지	내	도	록	.	"													
	담	임		선	생	님	은		그		한		마	디	로		소	개	를
끝	낸		뒤	,		나	를		뒤	쪽		빈		자	리	에		앉	게
하	고		바	로		수	업	에		들	어	갔	다	.		새	로		전	학
온		아	이	에		대	해		호	들	갑	스	럽	게		느	껴	질
정	도	로		자	랑		섞	인		소	개	를		늘	어		놓	는
서	울		선	생	님	들	의		자	상	함	이		떠	오	르	자	,		나
는		야	속	한		느	낌	이		들	었	다	.							

( )

⑥

|　|<|설|명|문|>| | | | | | | | | | | | | | |
|　|　|　|현|대|는| |물|과| |공|기|가| |광|고|로| |이|루|어|
|져| |있|다|.| |우|리|는| |매|일| |텔|레|비|젼|,| |신|문|,|
|잡|지|,| |라|디|오| |등|을| |통|하|여| |광|고|를| |보|고|

듣	는	다	.													
	기	업	체	의		광	고	는		사	업		성	패	의		열	쇠	가
되	기	도		한	다	.	실	적	이		부	진	한		기	업	이		광
고	에		힘	입	어		되	살	아	난		경	우	도		종	종		있
다	.	요	즈	음	은		기	업	뿐	만		아	니	라		정	부	나
공	공		단	체	,	기	타		사	회		단	체		등	도		광	고
를		활	발	히		하	고		있	다	.							

(   )

2. 다음 글을 원고지 쓰기에 맞게 바르게 써 봅시다. (특히, 한 칸 들여 쓰기에 주의하세요.)

①

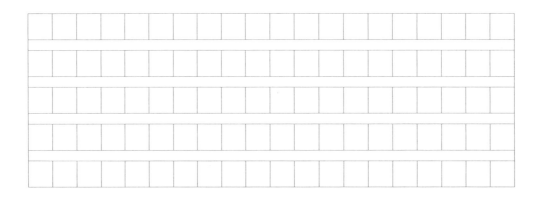

불국사를 찾아서

　대학에 다니는 이모와 함께 경주 불국사를 찾기로 했다. 미술을 전공하는 이모는 불국사의 건축미를 자세히 살펴 보고, 나는 신라의 여러 문화재에 대하여 알아보기로 했다.

②

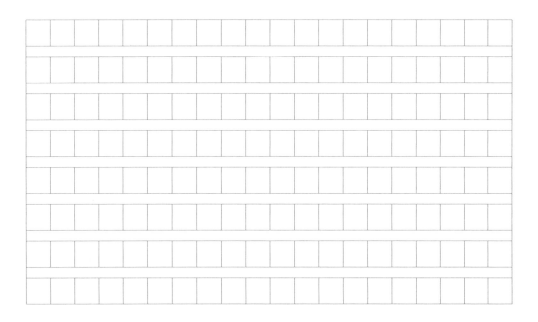

단군의 건국 이야기

　아득히 먼 옛날, 하늘나라를 다스리는 환인이라는 상제가 살고 있었다. 상제에게는 환웅이라는 아들이 있었다. 그는 항상 새로운 세계를 꿈꾸며 하늘나라를 떠나 저 멀리 지상 세계로 가고 싶다는 소망을 품고 있었다. 그래서 매일 땅을 내려다보며, 인간 세계를 다스려 보고 싶다는 생각을 하곤 하였다.

（그림 생략 - 빈 원고지）

③

옛말 하나 그른 것 없다

　금기담은 어떤 사물이나 현상을 신성하게 여기거나 두렵다고 믿고, 그것에 대하여 말하거나, 보거나, 만지거나, 행동하는 것을 금하고 꺼리는 말을 가리킨다. 이 금기담은 예로부터 민간의 풍습으로 전해 내려오면서 우리의 생활 속에 자리잡아 왔다.

(empty grid)

④

풀 꽃

　꽃 시장에 갔다가 현기증을 느끼고 돌아온 적이 있다. 지나치다 싶게 화려한, 그것도 어느 나라에서 들어왔는지 알 수 없는 꽃들이 무더기로 모여 있는 그 곳에선 향기조차 너무 진해서 멀미 같은 것을 느꼈기 때문이었다. 화사한 색깔에 내가 압도당하는 것인지, 아니면 그 꽃들의 현란한 몸짓에 오히려 내가 소외감을 느꼈는지 모를 일이다.

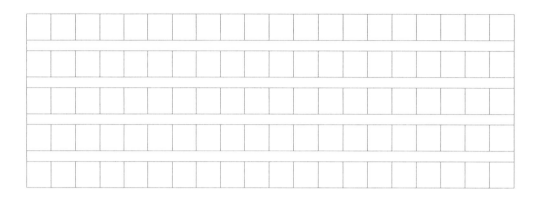

⑤

행 복

　사람들은 누구나 행복하게 살기를 원한다. 희망을 품고 하루하루를 살아가면서 내일이 오늘보다 더 나은 날이겠거니 하는 기대를 하며 살아가는 것이다. 만약, 내일이 오늘보다 더 힘들고 불행한 날이 될 것이라고 생각한다면, 이 세상에 희망이라는 말은 생겨나지 않았았지도 모른다.
　행복이 무엇인지 물어 본다면, 사람들은 아마 제각기 평소에 생각하고 있던 것들을 예로 들어 대답할 것이다.

⑥

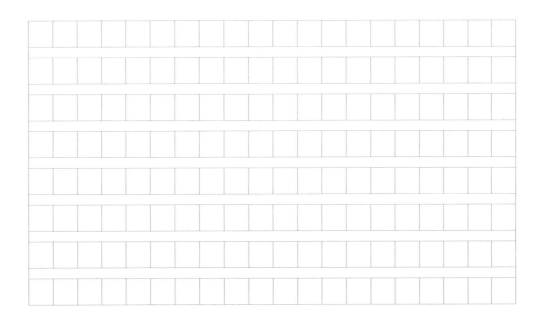

내 가 본 밤 하 늘

　내가 초등 학교 3학년 때의 일이다.

　학교에서는 매년 봄에 공원에서 그림 그리기 대회를 개최했는데, 그 해의 주제는 '불꽃놀이'였다. 나는 예전에 불자동차 그리기 대회에서 상을 받은 적이 있었기 때문에, 그림에는 어느 정도 자신이 있었다. 나는 공원 안에 있는 큰 나무 밑에 앉아 그림을 그리기 시작했다. 내가 형형색색의 아름다운 불꽃들을 그린 뒤, 검은색 크레파스로 밤 하늘을 가득 메우고 있는데, 옆에서 그림을 그리던 친구가 갑자기 내 그림이 잘못되었다고 말했다.

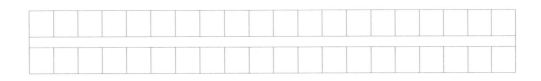

62

3. 다음 글은 인용문이 포함된 글입니다. 원고지 쓰기에 바르게 쓴 것에는
○표, 틀리는 것에는 ×표 하세요.

①

파	고		들	면		알	찬		쓸	거	리	를		마	련	할		수	가
있	다	.	다	음		글	은		어	렸	을		때		느	꼈	던		아
름	다	운		고	향		풍	경	을		쓸	거	리	로		삼	고		있

다.

　고향　뒷산에　피어　있던　도라지꽃을
지금도　잊을　수가　없다. 어린　시절
나는　땅속에　뿌리를　내리고　줄기가
뻗어　올라와서　청초하고　맑은　꽃을
피우고　있는　도라지꽃의　묘한　색깔과
그　꽃이　풍기는　아름다움을　넋을　잃
고　관찰하곤　했다.

(　　)

②

의　아름다움을　다각도로　깊이　추구하는
데서　나온　쓸거리를　바탕으로　쓰여진
것이다.

　오늘에　있어도　우리　국화론　꼭　무
궁화라야　하겠다고　생각하는　것은　아
니겠지만　국화　대접을　하며　부끄러운
꽃이라고는　생각이　되지　아니한다. 그
리고　생각하면　우리의　선인들이　무궁

|화|를| |소|중|하|게| |여|긴| |뜻|과| |연|유|는| |충|
|분|히| |알| |수| |있|을| |것| |같|고|,| |또| |꽃|

( )

③

|그|리|고| |그|것|이| |도|시| |개|발|로| |인|해| |사|라|
|져| |간| |뒤|의| |허|전|함| |따|위|를| |다|루|고| |있|
다	.																		
		고	목		한		그	루	가		골	목		어	귀	에		서
	있	었	다	.		작	은		나	무	들	이		부	근	에		더	러
	있	지	만		고	목	과		같	은		큰		나	무	는		오	직
	하	나	뿐	이	었	다	.		키	가		우	뚝	해	서		먼		곳	에
	서	도		보	이	고		길	을		묻	는		사	람	이		있	으
	면		그		고	목	을		표	준	으	로		설	명	을		했	다	.
	봄	이		되	면		잎	이		피	고	,	여	름	이		되	면
	무	성	한		가	지	가		풍	만	하	게		움	직	였	다	.		인
	심	이		후	한		할	아	버	지	처	럼		고	목	은		길	을
	지	키	면	서		일	렁	거	리	고		있	었	다	.	

( )

4. 다음의 글을 원고지 쓰기에 맞게 바르게 써 봅시다. (특히, 인용문의 한

칸 들여 쓰기에 주의하세요.)

①

어떤 점이 가장 두드러진 특징인지를 파악하고 그것을 하나의 소주제로 삼아서 집중적으로 뒷받침하는 문장들을 늘어놓아야 한다는 것이다. 다음 글을 보자.

이 학교를 처음 방문하는 이는 누구나 아담한 여학교라는 인상을 받는다. 한국의 전통적인 건축 양식을 따라서 지은 교문만은 육중한 편이지만 그 색상이나 형상이 오밀조밀한 맛을 풍긴다. 교문을 막 들어서면 보도 양편으로 꽃밭과 잔디밭이 펼쳐져 있다.

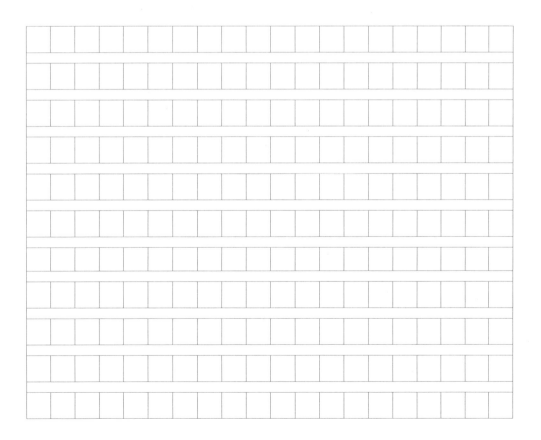

②

순서대로 배열하고 있다. 물론 여기에는 시간적 순서도 일부 개입되고 있으나 그것은 보조적인 구실을 하고 있을 뿐이다.

　언제나 황혼은 이 마을 서편에 있는 묵은 산장 밤나무 숲에서 걸어 나온다. 상소산에서 넌지시 내려온 산줄기가 묵은 산장을 병풍처럼 획 둘러 황개재라는 작은 재가 되고, 나직한 황개재 너머로 푸른 하늘이 가로 길게 눕고 그 하늘에 능금빛으로 붉은 저녁놀이 삭은 뒤에야 황혼은 겨우 그 재를 넘어서 밤나무 숲을 거쳐 우리 마을을 찾아오게 된다.

윗 글은 "황혼이 깃드는 정경"을 공간적 배열로 전개한 것이다.

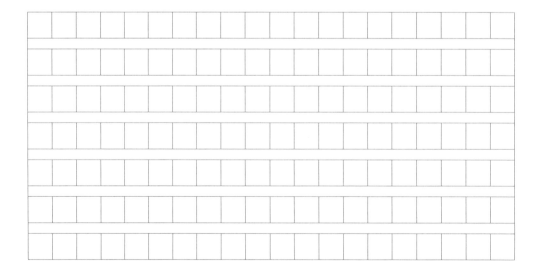

③

다음 글에서 처럼 단락을 충실히 발전시키지 않고 새 단락을 만들다 보니 어느 단락도 주제가 강조되지 않고 있다.

　방 안에 햇발이 쫙 펴졌을 때 뻐꾹이 우는 소리에 옅은 잠이 깨었다. 가슴이 후들후들 떨렸다. "뻐꾸우욱" "뻐꾸우욱" 하는 소리도 나고 "뻑꾹" "뻑꾹" 마디마디를 뚝뚝 우는 소리도 들렸다. 어느 것이나 내겐 다아 서글픈 소리였다. 그 중에서도 "뻐꾸우욱" 하는 마디 없는 소리가 더 마음을 흔들었다. 뻐꾹이도 세상에 무슨 원통한 일이 있고 슬픈 일이 있는가봐, 그렇지 않으면 어째서 저리섧게 울랴.

④

　　한편, 우리 선조들은 반복되는 자연 현상으로 미래를 예측하였고, 경험에서 터득한 지혜를 생활 방식으로 삼고 따랐다.

　　(ㄱ) 겨울에 눈이 많이 오면 보리가 잘 된다.
　　(ㄴ) 굴뚝의 연기가 땅으로 깔리면 비가 온다.
　　(ㄷ) 병이 있을 때 소문을 내야 빨리 낫는다.
　　(ㄹ) 집 안에 제비집이 많으면 부자가 된다.

5. 다음 원고지에 쓴 글이 두 칸 들여 쓰기에 맞는 것은 ○표, 틀리는 것은
   ×표를 하세요.

①

	다	음	의		글	은		한		어	머	니	가		자	기		가	정
에		일	어	난		일	을		그	저		지	나	치	지		않	고	
유	심	히		살	핀		끝	에		하	나	의		주	제	를		정	하
고		그	것	을		중	심	으	로		펼	친		글	이	다	.		
		'엄	마	,		난		전	에		살	던		집	이		더		좋 아'
	올	해		여	섯		살		난		막	내	가		싫	증	난		얼
굴	로		하	는		말	이	다	.		'왜		이		집	엔		목	욕
탕	도		있	고		방	도		더		큼	직	하	고		잔	디		
깔	린		정	원	까	지		있	는	데	…	…'		하	고		나	는	
말		대	꾸	했	다	.													
	윗	글	의		주	제	는		'인	정	의		소	중	함'	이	라		할
수		있	다	.		모	든		사	건	과		서	술	들	이		그	것 을

(　　　)

②

| | 다 | 음 | 은 | | 초 | 등 | 학 | 교 | | 교 | 과 | 서 | 에 | | 나 | 오 | 는 | | 동 |
|시| | '이 | 제 | 는 | | 그 | 까 | 짓 | | 것' | 이 | 다 | . | | | | | | |

　　혼자서　버스　타기도
　　겁나지　않는다, 이제는

　　표시　번호　잘　보고　타고
　　선　다음에　차례대로　내리고
　　　　　　　　　　　　　　　（　　）

③

　끝으로　현실에　대한　긍적적　자세와
밝고　건강한　생활　표현을　들어　볼　수
있다. 다음을　보자.

　　물　한　모금　입에　물고,
　　하늘　한　번　쳐다보고,

　　또　한　모금　입에　물고,
　　구름　한　번　쳐다보고
　　　　　　　　　　　　—닭—

　　보름　달밤.

우·리집　새하얀　담벽에
달님이　고웁게　그려　놓은,

　나무
　나무　가지.
　　　　　　　　　　　　—달밤—
　　　　　　　　　　　　　　　（　　）

④

여　준　것이라고　말한　이도　있는데，이
러한　직단적　표현은　'조금만　하늘'과
같은　작품에서는　더욱　심화되어　투철한
정서나　강력한　시의　융합으로　구현되고
있다．

　들국화　필무렵에　가득　담았던　김치를
아카시아　필　무렵에　다　먹어　버렸다.

　움속에　묻었던　이　빈　독을
엄마와　누나가　맞들어
소나기　잘　내리는　마당　한복판에　들

어		내	놓	았	다	.													
아	무	나		알	아	맞	혀		보	세	요	.							
이		빈		독	에														
언	제		누	가		무	엇	을		가	득		채	워		주	었	겠
나	.																		

(   )

6. 다음 글을 원고지 쓰기에 맞게 바르게 써 봅시다. (특히, 두 칸 들여 쓰기에 주의하세요.)

①

다음은 초등학교 교과서에 나오는 동시입니다. 이를 읽고 시의 분위기를 생각하여 봅시다.

친구야, 우리 나란히 어깨동무하고
함께 노래하며 걸을 때,
작은 내 키만큼 낮은 네 목소리와
큰 네 키만큼 높은 내 목소리
곱게 섞이어 푸른 하늘로 울려 퍼지고,
네 뒤를 따라다니는 긴 그림자와
내 뒤에 붙어 다니는 짧은 그림자
하나로 포개어지는 걸
넌 본 적이 있니?

74

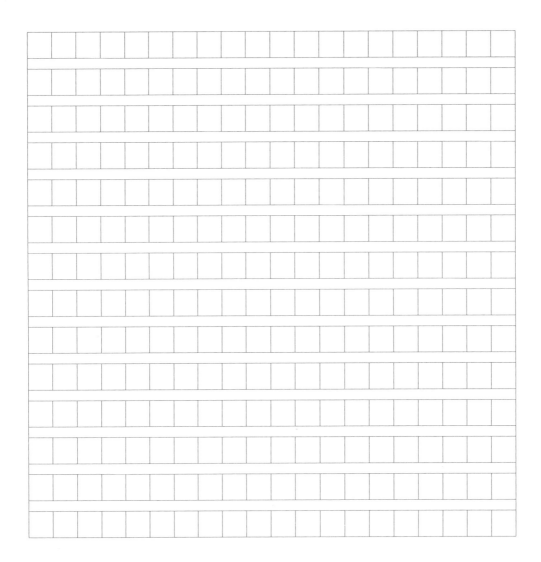

②

시조는 고려 말에 생긴 우리 나라 고유의 시가이다. 시가라는 말에
서 알 수 있듯이, 시조는 원래 노래로 불렀던 것이다.

　이 몸이 죽고 죽어 일백 번 고쳐 죽어
　백골이 진토 되어 넋이라도 있고 없고
　임 향한 일편단심이야 가실 줄이 있으랴.

이처럼 시조의 형식은 초장, 중장, 종장의 3장으로 되어 있고, 각 장은 2구씩으로 되어 있다. 또, 각 구는 두 마디씩으로 구성되어 한 수의 시조는 3장 6구 12마디로 짜여 있다.

③

금기담과 마찬가지로 민간에 전해 내려오는 것으로 해몽담이 있다. 해몽담은 비현실적이고 환상적인 꿈의 세계를 풀이하여 불확실한 미래를 예측하려는 마음에서 생겨났다.

가령, 우리 선조들은 꿈에 소나 돼지, 용이 나타나면 행운이 온다고 여겼다.

(ㄱ) 꿈에 날고리를 먹으면 좋다.

(ㄴ) 꿈에 누렁소나 암소가 집에 들어오면 복이 들어온다.

(ㄷ) 꿈에 돼지를 품으면 그 날 횡재한다.

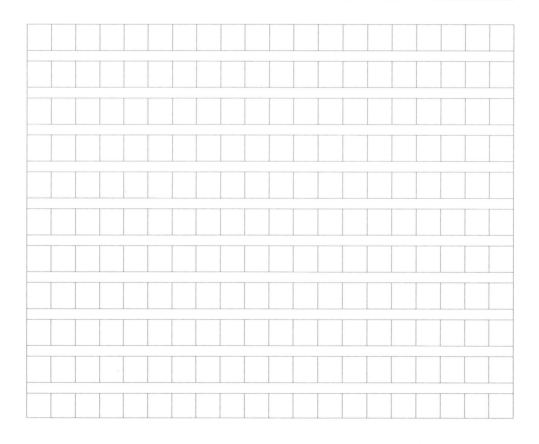

<table>
</table>

④

글의 종류: 동시

달 밤

뜰 가득
맑은 마음 담아 놓고
달님이
담벽에다 그림을 그린다.

잠이 든 나무도 그려 넣고,
꿈꾸는 꽃들도 그려 넣고.

길 가던 바람이 구경하면
그림 속 나무들이 깨어난다.
그림 속 꽃들이 춤을 춘다.

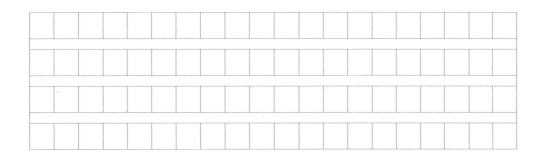

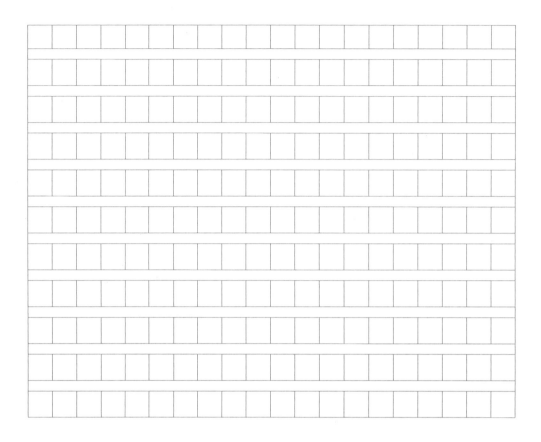

해 답

1. ① (○)   ② (○)   ③ (×) (③은 한 칸 들여 쓰기를 하지 않았습니다.)
   ④ (×)   ⑤ (×)   ⑥ (×)

2. ①

				불	굴	사	를		찾	아	서								
	대	학	에		다	니	는		이	모	와		함	께		경	주		불
국	사	를		찾	기	로		했	다	.	미	술	을		전	공	하	는	
이	모	는		불	국	사	의		건	축	미	를		자	세	히		살	펴
보	고	,		나	는		신	라	의		여	러		문	화	재	에		대	하
여		알	아	보	기	로		했	다	.									

②

				단	군	의		건	국		이	야	기						
	아	득	히		먼		옛	날	,	하	늘	나	라	를		다	스	리	는
환	인	이	라	는		상	제	가		살	고		있	었	다	.	상	제	에
게	는		환	웅	이	라	는		아	들	이		있	었	다	.	그	는	
항	상		새	로	운		세	계	를		꿈	꾸	며		하	늘	나	라	를
떠	나		저		멀	리		지	상		세	계	로		가	고		싶	다

는 소망을 품고 있었다. 그래서 매일 땅을 내려다보며, 인간 세계를 다스려 보고 싶다는 생각을 하곤 하였다.

③

옛말 하나 그른 것 없다

금기담은 어떤 사물이나 현상을 신성하게 여기거나 두렵다고 믿고, 그것에 대하여 말하거나, 보거나, 만지거나, 행동하는 것을 금하고 꺼리는 말을 가리킨다. 이 금기담은 예로부터 민간의 풍습으로 전해 내려오면서 우리의 생활 속에 자리잡아 왔다.

④

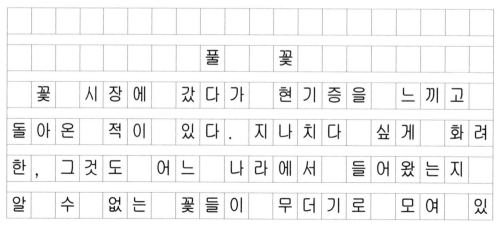

풀 꽃

꽃 시장에 갔다가 현기증을 느끼고 돌아온 적이 있다. 지나치다 싶게 화려한, 그것도 어느 나라에서 들어왔는지 알 수 없는 꽃들이 무더기로 모여 있

는　그　곳에선　향기조차　너무　진해서
멀미　같은　것을　느꼈기　때문이었다.　화
사한　색깔에　내가　압도당한　것인지,　아
니면　그　꽃들의　현란한　몸짓에　오히려
내가　소외감을　느꼈는지　모를　일이다.

⑤

　　　　　　　　행　복
　　사람들은　누구나　행복하게　살기를　원
한다.　희망을　품고　하루하루를　살아가면
서　내일이　오늘보다　더　나은　날이겠거
니　하는　기대를　하며　살아가는　것이다.
만약,　내일이　오늘보다　더　힘들고　불행
한　날이　될　것이라고　생각한다면,　이
세상에　희망이라는　말은　생겨나지　않았
을지도　모른다.
　　행복이　무엇인지　물어　본다면,　사람들
은　제각기　평소에　생각하고　있던　것들
을　예로　들어　대답할　것이다.

⑥

	＜	산	문	＞											
				내	가		본		밤		하	늘			
	내	가		초	등		학	교		3	학	년		때	의		일	이	다.
학	교	에	서	는		매	년		봄	에		공	원	에	서
그	리	기		대	회	를		개	최	했	는	데,		그		해	의		주
제	는		‘	불	꽃	놀	이	’	였	다.		나	는		예	전	에		불
자	동	차		그	리	기		대	회	에	서		상	을		받	은		적
이		있	었	기		때	문	에,		그	림	에	는		어	느		정	도
자	신	이		있	었	다.		나	는		공	원		안	에		있	는
큰		나	무		밑	에		앉	아		그	림	을		그	리	기		시
작	했	다.		내	가		형	형	색	색	의		아	름	다	운		불	꽃
들	을		그	린		뒤,		검	은	색		크	레	파	스	로		밤
하	늘	을		가	득		메	우	고		있	는	데,		옆	에	서		그
림	을		그	리	던		친	구	가		갑	자	기		내		그	림	이
잘	못	되	었	다	고		말	했	다.

3. ① (×) (인용문 전체를 한 칸 들여 쓰는 것은 맞으나 첫 시작에서는 두 칸을 들여 써야

　　합니다.)

　② (○)　　③ (○)

4. ①

어	떤		점	이		가	장		두	드	러	진		특	징	인	지	를	

어떤 점이   가장 두드러진 특징인지를
파악하고 그것을 하나의 소주제로 삼아
서 집중적으로 뒷받침하는 문장들을 늘
어놓아야 한다는 것이다. 다음 글을 보
자.

　　이 학교를 처음 방문하는 이는 누
누구나 아담한 여학교라는 인상을 받
는다. 한국의 전통적인 건축 양식을
따라서 지은 교문만은 육중한 편이지
만 그 색상이나 형상이 오밀조밀한
맛을 풍긴다. 교문을 막 들어서면 보
도 양편으로 꽃밭과 잔디밭이 펼쳐져
있다.

②

순서로 배열하고 있다. 물론 여기에는
시간적 순서도 일부 개입되고 있으나
그것은 보조적인 구실을 하고 있을 뿐
이다.

　　언제나 황혼은 이 마을 서편에 있는 묵은 산장 밤나무 숲에서 걸어 나온다. 상소산에서 넌지시 내려온 산줄기가 묵은 산장을 병풍처럼 휙 둘러 황개재라는 작은 재가 되고, 나직한 황개재 넘어로 푸른 하늘이 가로 길게 눕고 그 하늘에 능금빛으로 붉은 저녁놀이 삭은 뒤에야 황혼은 겨우 그 재를 넘어서 밤나무 숲을 거쳐 우리 마을을 찾아 오게 된다.

윗글은 "황혼이 깃드는 정경"을 공간적 배열로 전개한 것이다.

③

다음 글에서처럼 단락을 충실히 발전시키지 않고 새 단락을 만들다 보니 어느 단락도 주제가 강조되지 않고 있다.

	방	안	에		햇	발	이		쫙		퍼	졌	을		때		뻐
꾹	이		우	는		소	리	에		옅	은		잠	을		깨	었	다.
가	슴	이		후	들	후	들		떨	렸	다.		"	뻐	꾸	우	욱	"
"	뻐	꾸	우	욱	"		하	는		소	리	도		나	고	"	뻑	꾹	"
"	뻐	꾹	"		마	디	마	디	를		뚝	뚝		끊	어	서		우
는		소	리	도		들	렸	다.									
	어	느		것	이	나		내	겐		다	아		서	글	픈		소
리	였	다.		그		중	에	도		"	뻐	꾸	우	욱	"	하	는
마	디	없	는		소	리	가		더		마	음	을		흔	들	었	다.
뻐	꾹	이	도		세	상	에		무	슨		원	통	한		일	이
있	고		슬	픈		일	이		있	는	가	봐.		그	렇	지		않
으	면		어	째	서		저	리		섧	게		울	랴.				

④

	한	편,		우	리		선	조	들	은		반	복	되	는		자	연
현	상	으	로		미	래	를		예	측	하	였	고,		경	험	에	서
터	득	한		지	혜	를		생	활		방	식	으	로		삼	고		따
랐	다.																
	(ㄱ)		겨	울	에		눈	이		많	이		오	면		보	리	가
	잘		된	다.													

(ㄴ) 굴뚝의 연기가 땅으로 깔리면 비가 온다.

(ㄷ) 병이 있을 때 소문을 내야 빨리 낫는다.

(ㄹ) 집 안에 제비집이 많으면 부자가 된다.

5. ① (○)　　② (○)　　③ (○)　　④ (×)

6. ①

다음은 초등학교 교과서에 나오는 동시입니다. 이를 읽고 시의 분위기를 생각하여 봅시다.

친구야, 우리 나란히 어깨동무하고
함께 노래하며 걸을 때,
작은 내 키만큼 낮은 내 목소리와
큰 네 키만큼 높은 내 목소리
곱게 섞이어 푸른 하늘로 울려 퍼지고,
네 뒤를 따라다니는 긴 그림자와

　　내　뒤에　붙어　다니는　짧은　그림자
　　하나로　포개어지는　걸
　　넌　본　적이　있니?

②

　시조는　고려　말에　생긴　우리　나라
고유의　시가이다.　시가라는　말에서　알
수　있듯이,　시조는　원래　노래로　불렀던
것이다.

　　　이　몸이　죽고　죽어　일백　번　고쳐
죽어
　　백골이　진토　되어　넋이라도　있고
없고
　　임　향한　일편단심이야　가실　줄이
있으랴.

　이처럼　시조의　형식은　초장,　중장,　중
장의　3장으로　되어　있고,　각　장은　2
구씩으로　구성되어　있다.　또,　각　구는

두 마디씩으로 구성되어 한 수의 시조는 3장 6구 12마리로 짜여 있다.

③
금기담과 마찬가지로 민간에 전해 내려오는 것으로 해몽담이 있다. 해몽담은 비현실적이고 환상적인 꿈의 세계를 풀이하여 불확실한 미래를 예측하려는 마음에서 생겨났다. 가령, 우리 선조들은 꿈에 소나, 돼지, 용이 나타나면 행운이 온다고 여겼다.

(ㄱ) 꿈에 날고기를 먹으면 좋다.
(ㄴ) 꿈에 누렁소나 암소가 집에 들어오면 복이 들어온다.
(ㄷ) 꿈에 돼지를 품으면 그 날 횡재한다.

④
＜동시＞

달 밤

뜰 가득

		맑	은		마	음		담	아		놀	고							
		달	님	이															
		담	벽	에	다		그	림	을		그	린	다	.					
		잠	이		든		나	무	도		그	려		넣	고	,			
		꿈	꾸	는		꽃	들	도		그	려		넣	고	,				
		길		가	던		바	람	이		구	경	하	면					
		그	림		속		나	무	들	이		깨	어	난	다	.			
		그	림		속		꽃	들	이		춤	을		춘	다	.			

③ 첫 칸을 채웁니다

원고지 쓰기에서는 앞서 설명한 첫 칸 들여쓰기와 두 칸 들여 쓰기에 해당되는 경우를 제외한 나머지는 모두 첫 칸을 채웁니다. 그것은 앞의 첫 칸 들여쓰기, 두 칸 들여쓰기의 해당되는 내용과 구분하기 위해서 입니다. 그러므로 원고지 끝을 채우고 띄어 써야 할 때에도 왼쪽에서 새로 시작될 때는 첫 칸을 들여쓰지 않고 채웁니다.

예 1 (○)

강	풍	보	다	는		소	슬	바	람	,		한	낮	보	다	는			해	질	✓
무	렵	,		그	리	고		소	나	기	보	다	는			가	랑	비	를		좋
아	하	는		나	로	서	는		꽃		중	에	서	도		풀	꽃	을			
사	랑	한	다	.		정	말	이	지	,		풀	꽃	이	라	면		나	는		오

예 2 (○)

강	풍	보	다	는		소	슬	바	람	,		한	낮	보	다	는			해	질
무	렵	,		그	리	고		소	나	기	보	다	는			가	랑	비	를		
좋	아	하	는		나	로	서	는		꽃		중	에	서	도		풀	꽃	을		
사	랑	한	다	.		정	말	이	지	,		풀	꽃	이	라	면		나	는		

♣ 대화나 인용문 다음에 연결되는 '～할, ～(라)고, ～하고, ～하며, ～등의, ～한다' 등 이어받는 말은 다음 줄 첫 칸부터 씁니다.

예 1 (○)

|다|른| |아|이|들|의| |까|닭| |모|를|,| |거|의| |절|대|적|
|인| |복|종|을| |보|자| |야|릇|한| |오|기|가| |생|긴|
탓	이	기	도		했	다	.													
		"	왜		그	래	?	"												
하	고		나	는		힘	을		주	며		말	했	다	.						
		"	물	어		볼		게		있	어	.	"							
하	며		그	는		의	외	로		숙	진		자	세	로		물	었	다	.
		"	물	어		볼		게		있	다	면		네	가		이	리	로
와	.	"																	
하	자		순	간	,		그	의		눈	꼬	리	가		치	켜		올	라	가

예 2 (○)

|다|른| |아|이|들|의| |까|닭| |모|를|,| |거|의| |절|대|적|
|인| |복|종|을| |보|자| |야|릇|한| |오|기|가| |생|긴|
탓	이	기	도		했	다	.													
		"	왜		그	래	?	"												
	하	고		나	는		힘	을		주	며		말	했	다	.					
		"	물	어		볼		게		있	어	.	"						
	하	며		그	는		의	외	로		숙	진		자	세	로		물	었

다.

"물어 볼 게 있다면 네가 이리로

와."

하자 순간 그의 눈꼬리가 치켜 올라

예 3 (○)

아팠다. 나는 밖으로 나가는 것도 조심

스러웠다. 영지의 당황하는 모습을 보고

싶지 않았다. 그런데 누나는 내가 이삿

짐을 나르기 싫어서 그러는 줄 알고,

"나 같으면 이삿짐 몇 개 나르고

나서 피아노 치겠다."

라며 빨리 밖으로 나가자고 했다.

"이삿짐 나르기 싫어서 그러는. 거

아냐."

"그럼 왜 그래 ? "

"그럴 이유가 있어. 비밀이야."

누나는 코웃음을 치고는 밖으로 나갔

다. 그래도 나는 영지 이야기를 할 수

없었다. 누나에게도 어머니에게도 말하고

싶	지		않	았	다	.								
"	넌		무	슨		비	밀	이		그	렇	게	도		많	으	니	?"
하	고		누	나	는		웃	을		듯		말		듯		묘	한		표
정	을		지	었	다	.								

□은 대화 다음이 설명이 시작되는 첫 칸이므로 띄어 씁니다.

예 4 (×)

아	팠	다	.		나	는		밖	으	로		나	가	는		것	도		조	심
스	러	웠	다	.		영	지	의		당	황	하	는		모	습	을		보	고
싶	지		않	았	다	.		그	런	데		누	나	는		내	가		이	삿
짐	을		나	르	기		싫	어	서		그	러	는		줄		알	고	,	
"	나		같	으	면		이	삿	짐		몇		개		나	르	고
나	서		피	아	노		치	겠	다	."								
라	며		빨	리		밖	으	로		나	가	자	고		했	다	.	
"	이	삿	짐		나	르	기		싫	어	서		그	러	는	.		거
아	냐	."														
"	그	럼		왜		그	래	?	"										
"	그	럴		이	유	가		있	어	.		비	밀	이	야	."	
	누	나	는		코	웃	음	을		치	고	는		밖	으	로		나	갔
다	.		그	래	도		나	는		영	지		이	야	기	를		할		수
없	었	다	.		누	나	에	게	도		어	머	니	에	게	도		말	하	고

싶	지		않	았	다	.									
	"	넌		무	슨		비	밀	이		그	렇	게	도		많	으	니	?"
하	고		누	나	는		웃	을		듯		말		듯		묘	한
표	정	을		지	었	다	.								

♣ 제목 속에 대화문은 띄어쓰기에 맞춰 씁니다. (조사는 앞의 대화문에 붙여 쓰며 그 외에는 띄어 씁니다.)

예 1 (○)

	임	금	은		그		노	래	를		들	은		순	간	,	힘	이
났	습	니	다	.	임	금	은		물	레	방	앗	간		주	인	에	게
말	했	습	니	다	.		"	정	말		행	복	하	십	니	까	?"	하
자	,	물	레	방	앗	간		주	인	은		낯	선		사	람	을	살
펴	보	더	니		고	개	를		끄	덕	였	습	니	다	.	임	금	은
다	시		물	었	습	니	다	.		"	걱	정	이		조	금	도	없	습
니	까	?	"	라	고		하	자		물	레	방	앗	간		주	인	은
이	상	한		얼	굴	로		바	라	보	다	가		부	끄	러	운	목

예 2 (×)

	임	금	은		그		노	래	를		들	은		순	간	,	힘	이
났	습	니	다	.	임	금	은		물	레	방	앗	간		주	인	에	게
말	했	습	니	다	.		"	정	말		행	복	하	십	니	까	?	"	하	자

물	레	방	앗	간		주	인	은		낯	선		사	람	을		살	펴	보
더	니		고	개	를		끄	덕	였	습	니	다	.	임	금	은		다	시
물	었	습	니	다	.	"	걱	정	이		조	금	도		없	습	니	까	?
라	고		하	자		물	레	방	앗	간		주	인	은		이	상	한	
얼	굴	로		바	라	보	다	가		부	끄	러	운		목	소	리	로	

4 띄어쓰기

♣ 원고지의 한 칸에는 한 자만 씁니다.

 예 1 (○)

그	러	나		장	미	와		같	은		꽃	들	은		쉽	게		끌
어	당	기	는		힘	이		있	는		만	큼		빨	리		시	들	어
버	리	지		않	는	가	?		시	들	어		버	린	다	고		하	는

예 2 (×)

그	러	나		장	미	와		같	은		꽃	들은		쉽	게		끌	어
당	기	는		힘	이		있는		만	큼		빨	리		시	들	어		버
리	지		않	는	가?		시	들	어		버	린	다	고		하	는		얘

♣ 두 칸을 띄어 쓰지 않습니다.

예 1 (○)

그	럼	에	도		불	구	하	고	,	오	늘	의		우	리		현	실
을		살	펴	보	면		매	우		안	타	깝	다	.	서	구	의		사
상	과		물	질		문	명	을		아	무	런		비	판		없	이	
받	아	들	인		결	과	,	우	리	의		독	특	한		전	통		문
화	와		그		속	에		배	어		있	는		조	상	의		얼	을
가	볍	게		생	각	하	거	나		아	예		모	르	고		사	는	
국	민	이		많	기		때	문	이	다	.								

 (×)

	그	럼	에	도			불	구	하	고	,	오	늘	의		우	리		현
실	을		살	펴	보	면		매	우		안	타	깝	다	.		서	구	의
사	상	과		물	질		문	명	을		아	무	런		비	판		없	이
받	아	들	인		결	과	,	우	리	의		독	특	한		전	통		문
화	와		그		속	에		배	어		있	는		조	상	의		얼	을
가	볍	게		생	각	하	거	나		아	예		모	르	고		사	는	
국	민	이		많	기		때	문	이	다	.								

♣ 칸의 끝에서 단어가 끝나고 다음에 띄어 쓸 때도, 띄어 써야 하는 글이 다음 줄의 천 칸이 된다면 띄어 쓰지 않습니다.

예 1 (×)

그	러	면		우	리	가		가	슴		속	에		간	직	해	야	함	은
	물	론	이	고		행	동	으	로		옮	기	는		것	을		주	저

예 2 (○)

그	러	면		우	리	가		가	슴		속	에		간	직	해	야	함	은	√
물	론	이	고		행	동	으	로		옮	기	는		것	을		주	저	하	

98

예 3 (×)

김	치	는		우	리		나	라		사	람	들	이		옛	날	부	터
먹	던		음	식	이	다	.		이	제	는		외	국		사	람	들	도
김	치	를		좋	아	해	서		많	이		먹	는	다	고		한	다	.
김	치	에	는		갖	가	지		양	념	이		들	어	가	서		맛
도		좋	고		영	양	가	도		높	다	.		그	리	고		동	물	도
여	러		가	지	에	서		입	맛	에		따	라		골	라		먹
을		수		있	다	.

▢ 첫 칸을 띄어서는 안 되는 곳입니다.

예 4 (○)

김	치	는		우	리		나	라		사	람	들	이		옛	날	부	터	✓
먹	던		음	식	이	다	.		이	제	는		외	국		사	람	들	도
김	치	를		좋	아	해	서		많	이		먹	는	다	고		한	다	.
김	치	에	는		갖	가	지		양	념	이		들	어	가	서		맛	도	✓
좋	고		영	양	가	도		높	다	.		그	리	고		종	류	도		여
러		가	지	에	서		입	맛	에		따	라		골	라		먹	을
수		있	다	.

★ 만약 띄어쓰기를 표시해야 된다면 원고지 오른쪽 끝에 위의 예와 같이 합니다. 띄어쓰기에 맞도록 하기 위해 절대로 첫 칸을 띄지 않습니다.

예 5 (×)

아	이	가		화	가		나	서		산	을		내	렸	왔	습	니	까
?		그	런		다	음		그		아	이	는		어	디	로		갔	습
니	까	?																	

예 6 (○)

| 아 | 이 | 가 | | 화 | 가 | | 나 | 서 | | 산 | 을 | | 내 | 렸 | 왔 | 습 | 니 | 까? |
| 그 | 런 | | 다 | 음 | | 그 | | 아 | 이 | 는 | | 어 | 디 | 로 | | 갔 | 습 | 니 | 까 |

예 7 (○)

| 아 | 이 | 가 | | 화 | 가 | | 나 | 서 | | 산 | 을 | | 내 | 렸 | 왔 | 습 | 니 | 까? |
| 그 | 런 | | 다 | 음 | | 그 | | 아 | 이 | 는 | | 어 | 디 | 로 | | 갔 | 습 | 니 | 까? |

★ 원고지 한 칸을 차지하는 문장부호라 해도 그 문장부호를 첫 칸에 쓰지는 않고, 부호를 원고지 밖이나 끝 칸의 글자와 함께 씁니다.

예 8 (×)

	"	윤	지	구	나	.		어	머	니		계	시	니	?	"			
	"	안	녕	하	세	요	?		어	머	니	는		안	에		계	세	요	.
"																			
	"	내	일	이		어	머	니		생	신	이	라	…	…	"			

예 9 (○)

　“윤지구나. 어머니　계시니?”

　“안녕하세요?　어머니는　안에　계세요”

　“내일이　어머니　생신이라……”

예 10 (○)

　삼돌이는　또　따라　하였습니다. 훈장님
께서　화를　내셨습니다.

　“이놈이, 하렸다　하는　소린　빼라니까
!”

예 11 (○)

　삼돌이는　또　따라　하였습니다. 훈장님
께서　화를　내셨습니다.

　“이놈이, 하렸다　하는　소린　빼라니까!”

예 12 (×)

돌돌이는　얼른　장군님　귓속을　들여다보
았습니다.

　“아니?　어떻게　여기에　있어요?”

　“봄바람과　함께　여행을　하다가　그만

…	…	”												
민	들	레		꽃	씨	는		몹	씨		지	쳐		보	였	습	니	다	.

예 13 (○)

돌	돌	이	는		얼	른		장	군	님		귓	속	을		들	여	다	보
았	습	니	다	.															
	"	아	니	?		어	떻	게		여	기	에		있	어	요	?	"	
	"	봄	바	람	과		함	께		여	행	을		하	다	가		그	만	…	…	"
민	들	레		꽃	씨	는		몹	씨		지	쳐		보	였	습	니	다	.

5 줄 바꾸기

♣ 한 문단이 끝나고 새 문단이 시작되면, 새로 시작되는 문단은 줄을 바꾸어 써야 합니다.

예 1 (○)

그	리	고		오	랜		세	월	이		흐	른		뒤	,		나	는	
다	시		그		지	방	을		찾	았	지		그		때	의		황	무
지	는		조	금	도		변	한		게		없	었	어	.	그	런	데	
저		멀	리		아	득	히		먼		곳	에		잿	빛		아	지	랭
이		같	은		것	이		융	단	처	럼		펼	쳐	져		있	는	
게		아	니	겠	니	?		그	래		떡	갈	나	무		숲	이	었	던
거	야		산	은		온	통		도	토	리	가		자	라	서		된	
떡	갈	나	무	로		울	창	했	어	.									
	그		뒤		떡	갈	나	무		숲	에	는		사	람	들	이		하
나	둘	씩		모	여	들	어		채	소	밭	도		일	구	고		목	장
도		만	들	었	지	.	하	지	만		아	무	도		달	리	기		노

예 2 (×)

그	리	고		오	랜		세	월	이		흐	른		뒤	,		나	는	
다	시		그		지	방	을		찾	았	지		그		때	의		황	무
지	는		조	금	도		변	한		게		없	었	어	.	그	런	데	

저		멀	리		아	득	히		먼		곳	에		잿	빛		아	지	랭
이		같	은		것	이		융	단	처	럼		펼	쳐	져		있	는	
게		아	니	겠	니	?		그	래		떡	갈	나	무		숲	이	었	던
거	야		산	은		온	통		도	토	리	가		자	라	서		된	
떡	갈	나	무	로		울	창	했	어	.	그		뒤		떡	갈	나	무	
숲	에	는		사	람	들	이		하	나	둘	씩		모	여	들	어		채
소	밭	도		일	구	고		목	장	도		만	들	었	지	.	하	지	만,
아	무	도		달	리	기		노	인		혼	자	서		그		숲	을	

♧ 대화나 인용문은 앞의 글과 쉽게 구별 할 수 있게 줄을 바꿉니다.

 예 1

말	까		망	설	였	다	.	그	러	다		나	는		드	디	어		영
지	와		집		앞	에	서		마	주	치	고		말	았	다	.		
		"	이		동	네		사	니	?	"								
		영	지	가		먼	저		밝	은		목	소	리	로		내	게	물
었	다	.																	
		"	응	,	저	…	…	.	"										
		내	가		우	물	주	물	하	자	,	영	지	는		씩		웃	더	니
		"	우	리		이	사		왔	어	.	"							
라	고		말	했	다	.													

예 2

　다음의　글은　어느　선생님이　방학이
되어　텅　빈　　　을　보고　쓴　글이다.
끝나고　다시　학생들의　떠들썩한　반가운
소리를　반겨　쓴　글이다.
　"이젠　비어　있던　그　넓은　뜰에도
방학이　끝남과　함께　허공을　두드리는
소리가　밝게　울리고,　피멍이　드리워져
있던　그대들의　눈에도……＜중략＞

6 한 줄 비우기

♣ 이야기 속의 이야기일 때는 한 줄 비웁니다.

예 1

	그	것	은		내	가		만	주	를		여	행	할		때		일	이
었	다	.	만	주	의		풍	속	도		좀		살	필	겸		아	직	껏
문	명	의		세	례	를		받	지		못	한		그	들	의		사	이
에		퍼	져		있	는		병	을		좀		조	사	할		겸		해
서		일		년	의		기	한	을		예	상	하	여		가	지	고	
만	주	를		시	시	콜	콜	이		다		돌	아	온		적	이		있
었	다	.		그	때	에		×	×	촌	이	라		하	는		조	그	만
촌	에	서		본		일	을		여	기	에		적	고	자		한	다	.
	×	×	촌	은		조	선		사	람		소	작	인	만		사	는
한		이	십	여		촌		되	는		적	은		촌	이	다	.	사	면
을		둘	러	보	아	도		한		개	의		산	도		볼		수	가
없	는		광	막	한		만	주	의		벌	판		가	운	데		높	여
있	는		이	름	도		없	는		작	은		촌	이	었	다	.		

♧ 내용이 달라질 때는 한 줄 비웁니다.

예 2

일		이	상	을		일		없	이		매	일		호	별		방	문	을
하	며		그	들	과		이	야	기	로		밤	을		보	내	며	,	오
래	간	만	에		맛	보	는		평	화	적		기	분	을		향	락	하
고		있	었	다	.														
	'삶'	이	라	는		별	명	을		가	지	고		있	는	'정	익	호	'라
는		인	물	을		본		것	이		여	기	서	이	다	.			
	'삶'	이	라	는		별	명	을		가	지	고		있	는	'정	익	호	'라
	익	호	라	는		인	물	의		고	향	이		어	디	인	지	는	
×	×	촌	에	서	도		아	무	도		몰	랐	다	.		사	투	리	로
보	아	서		경	기		사	투	리	인		듯	하	지	만		빠	른	
말	로		재	재	거	리	는		때	에	는		영	남		사	투	리	가
보	일		때	도		있	고	,		싸	움	이	라	도		할		때	는
서	북		사	투	리	가		보	일		때	도		있	었	다	.	그	런

♣ 인용 부호 없이 인용할 때 위 아래로 한 줄씩 비웁니다.

예 1

다		같	은		동	요	에	서		동	시	로		옮	겨	지	고
있	는		모	습	을		볼		수		있	으	며	,	'잃	어	버	린
댕	기	'에	서	는		완	전	히		다	른		모	습	을		보	여	주
고		있	다	.													
	담	모	퉁	일		돌	다	가									
	수	남	이		하	고		이	뿐	이		하	고		마	주	쳤	습
니	다	.															
	꽝	!															
	이	마	를		맞	부	딪	치	고		눈	물	이		핑	…	…
	울		줄		알	았	더	니		하	하	하					
	얼	굴	을		가	리	고		하	하	하						
	울	상	이		되	어	서		하	하	하						
와		같	은		것	은		바	로		동	시	의		본		모	습	을
보	여	준		글	의		예	이	다	.							

108

예 2

|은| |그|가| |50|대|에| |이|르|기|까|지| |믿|어|오|던|
|정|통|적| |신|앙|과| |어|떻|게| |헤|어|지|게| |되|었|는|
|가|를| |보|여| |주|고| |있|다|.| |아|래| | | | |보|자|

	나	는		이	제	야		내	가		생	각	하	면				
	영	원	히		먼		끝	을		만	지	게		되	었	다	.		
	그		끝	에	서		나	는		눈	을		비	비	고		
	비	로	소		나	의		오	랜		잠	을		깬	다	.	<중략>	

	이	제	까	지		선	의		세	계	에		속	하	는		것	으	로
생	각	하	던		사	후	의		세	계	가		목	숨	과		함	께

♣ 소제목을 쓸 때 한 줄 비웁니다.

예 1

〈	소	설	〉										
			표	본	실	의		청	개	구	리		
						1							
	무	거	운		기	운	의		침	체	와		한없 이		늘 어 진
생	의		권	태	는		나	가	지		않	는		나	의		발	길	을
남	포	까	지		끌	어		냈	다	.			
	귀	성	한		후		칠	팔		개	삭		간	의		불	규	칙	한
생	활	은		나	의		전	신	을		해	면	같	이		짓	두	들	겨

예 2

〈	설	명	문	〉									
			글	의		목	적	을		정	하	는		방	법
	1	.	글	의		목	적	과		주	제		
	글	의		목	적	은		주	로		독	자	와	의		관	계	에	서
정	해	짐	니	다	.		주	제	가		글	쓴	이		자	신	의		생	각

이	나		느	낌	을		바	탕	으	로		해	서		결	정	되	는	
것	인	데		반	해	서		목	적	은		먼	저		독	자	를		의

♣ 하나의 '장'이 끝나고 다음 '장'이 시작될 때에는 끝나는 장의 나머지 줄들은 비우고 다음 원고지에서 새 '장'을 시작합니다.

예 1

No   6

낳	기	에		서	예	가	의		숱	한		운	필		수	련	의		역
정	을		우	리	는		알	고		있	다	.		글	짓	기	의		경	우
에	도		그	만		못	지	않	는		노	력	과		피	나	는		역
정	의		수	련	이		있	어	야	만		멋	있	는		글	,		나	아
가		명	문	이		빚	어	질		수		있	다	.					

No   7

					2	.	다	듬	어		쓰	기	의		요	령			
다	듬	어		쓰	기	의		방	법	은		일	정	한		것	이

있는 것은 아니다. 초고를 여러 번 고치고 다듬어 보면 자기 나름의 효율적인 방법을 터득할 수가 있다. 그런데 대체로 다음과 같은 절차가 필요하다.

(1) 글 전체의 검토와 손질

　우선 글 전체의 내용과 짜임새를 대

상으로 검토하고 고치고 기울 만한 점이 없는가를 살피는 것이다. 그것을 좀 더 구체적으로 따져보면 다음 몇 가지로 나누어 볼 수가 있다.

　주제나 목적의 타당성을 제검토한다. 물론 확신을 가지고 주제나 목적을 설정했고 그것을 여러 면에서 전재하여 글을 일단 썼음이 사실이다. 그렇지만 글이 다 된 이 마당에서도 다시 한번 그것을 음미하고 그 타당성 여부를 고려해 보아야 한다. 다음 소개하는 글을 보자.

112

나는 어린 시절 적은 읍에서 보냈는데, 저녁나절이 되면 으레 이웃집 어디에선가 싸움이 시작되는 것을 본다. 입에 담지 못할 욕설이 오가다가 드디어 육탄 공세에까지 발전한다. 사람들은 우우 둘러서서 일면은 뜯어 말리고 일면은 재미있어 하면서 구경한다. 또 싸움은 이웃간 뿐 아니라 부부간일 경우도 많다. 부부간에 자주 싸움이 나는 경우에는 대체로 가난한 집이다. 셋방살

연 습 문 제

1. 다음 글을 원고지 쓰기에 맞게 쓰세요. (특히, 첫칸 들여 쓰기에 주의하여
   쓰세요.)

   ①

   강풍보다는 소슬바람, 한낮보다는 해질 무렵, 그리고 소나기 보다는 가랑비를 좋아하는 나로서는 꽃 중에서도 풀꽃을 사랑다. 정말이지, 풀꽃이라면 나는 오랫동안 부담 느끼지 않고 그 작은 얼굴에 시선을 고정 시켜 둘 수가 있다.
   그냥 지나쳐 버리고 마는 시골 둑길이나 오솔길의 길섶에 아무렇게나 피어 있는 아주 작은 꽃들. 물론, 장미나 글라디올러스나 튤립 같은 꽃과 견주어 무엇 한 가지 이겨 낼 재간이 없다.

   답

②

　　창길이는 어렸을 때부터 무척 호기심이 많았습니다. 한번 호기심이 생기면 어떻게 해서라도 해결해야만 직성이 풀리곤 했습니다. 호기심 때문에 큰일도 여러 번 겪었습니다.

　　아직 학교에 다니기 전, 어느 해 겨울이었습니다. 그 날은 눈이 펑펑 내리고 있었습니다. 창길이는 창 밖으로 내리는 눈을 바라보면서 문득 이런 생각을 하게 되었습니다.

　　'저 눈은 우리 동네에만 내리는 걸까? 아니면, 이 세상 모든 곳에 다 내리는 걸까?'

　　창길이는 가만히 앉아 있을 수가 없었습니다. 어른들에게 물어 볼 생각도 하지 않고 무턱대고 집을 나섰습니다. 눈이 오는 거리를 따라 열심히 걸었습니다.

답

③

느티나무는 마을 어귀에 우뚝 서 있었다. 나이가 육백이 넘고, 둥치가 어른 팔로 여섯 아름이나 되는 장대한 나무였다.

느티나무는 작은 산이나 마찬가지였다. 그 품에 많은 새들이 모여 살았다. 새들의 종잘거림이 늘 나무 주위를 감싸고 있었다. 그런데 그 느티나무 아래로 넓은 길이 난다는 소문이 들려 왔다.

"느티나무님, 길이 나면 우리는 시끄러워서 어떻게 살죠?"

한 새가 말하였다.

"조금 시끄럽기는 하겠지만, 자동차가 지나다닐 테니까 구경거리가 생겨 좋지 않겠니? 그러니 참아야지. 우리가 어떻게 해볼 수도 없는 일이잖아?"

마침내 도로 공사가 시작되었다.

"이 따위 나무가 뭐 대단하다고 길을 돌려서 내라고 한담?"

일꾼들은 느티나무를 연장으로 꽝꽝 치며 투덜거렸다.

답

④

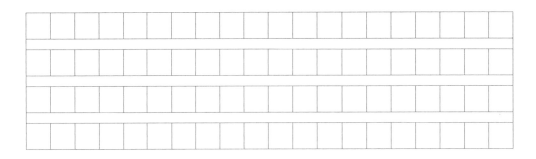

"그래도 어쩌겠니? 그런 위험은 언제나 우리들 곁에 있는데…."

왕잠자리는 눈알을 데룩데룩 굴리며 꽁무니를 물 속에 담갔습니다. 꽁무니가 간들거릴 때마다 물 속에 감긴 갈잎 대에 방울방울 왕잠자리의 알이 맺혔습니다.

"찌이, 찌르륵."

갑자기 말매미 비명이 들렸습니다. 연못가 식구들은 몸을 움츠리고 숨을 죽였습니다.

"말매미가 불쌍하게 되었군."

왕잠자리의 말이 끝나기가 무섭게 왕거미가 말매미를 돌돌 감았습니다. 말매미는 거미줄에 꽁꽁 묶인 채 애처롭게 울다가 끝내 정신을 잃었습니다.

답

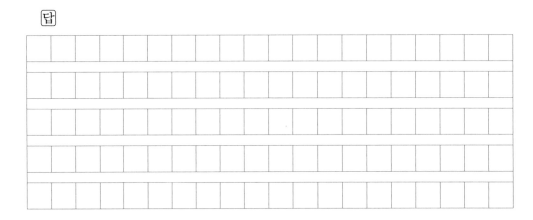

⑥

다른 아이들의 까닭 모를, 거의 절대적인 복종을 보자 야릇한 오기가 생긴 탓이기도 했다.

"왜 그래?"

하고 내가 아랫도리에 힘을 주며 깐깐하게 묻자, 그가 피식 웃었다.

"물어 볼 게 있어."

"물어 볼 게 있다면 네가 이리로 와."

하고 나는 다시 힘을 주어 말했다.

"뭐?"

순간, 그의 눈꼬리가 치켜 올라가는 것 같더니, 이내 별소리 다 듣는다는 듯……,

답

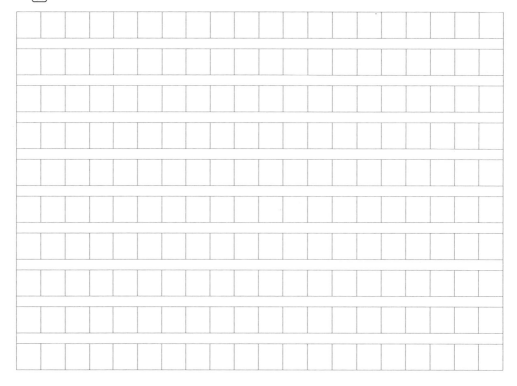

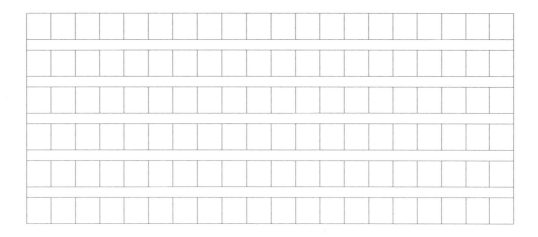

⑦

　　공주가 가져온 금을 보여 주자, "이것이 무엇입니까?" 하며 서동이 크게 웃으며 말하였다. 그는 "금입니다. 이것만 있으면 평생 동안 부자로 살 수 있습니다." 하고 말했다. 그는 다시 "내가 마를 캐던 곳에 가면 이런 것은 많이 있습니다."라고 말한다. 이어서 "금은 천하의 진귀한 보배이오니 우리 부모님께 보내는 것이 어떻겠습니까?"라고 한다. 그러자 "좋습니다." 하며 서동이 보낸 금을 받은 진평왕은 그를 신임하여 자주 편지를 보내 안부를 물었다. 서동은 뒤에 인심을 얻어 백제의 왕이 되었다.

답

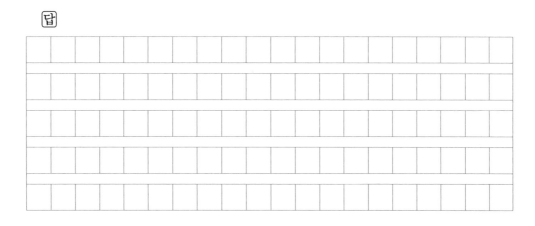

<table>
<tr><td></td><td></td><td></td><td></td><td></td><td></td><td></td><td></td><td></td><td></td><td></td><td></td><td></td><td></td><td></td><td></td><td></td><td></td><td></td></tr>
<tr><td></td><td></td><td></td><td></td><td></td><td></td><td></td><td></td><td></td><td></td><td></td><td></td><td></td><td></td><td></td><td></td><td></td><td></td><td></td></tr>
<tr><td></td><td></td><td></td><td></td><td></td><td></td><td></td><td></td><td></td><td></td><td></td><td></td><td></td><td></td><td></td><td></td><td></td><td></td><td></td></tr>
<tr><td></td><td></td><td></td><td></td><td></td><td></td><td></td><td></td><td></td><td></td><td></td><td></td><td></td><td></td><td></td><td></td><td></td><td></td><td></td></tr>
<tr><td></td><td></td><td></td><td></td><td></td><td></td><td></td><td></td><td></td><td></td><td></td><td></td><td></td><td></td><td></td><td></td><td></td><td></td><td></td></tr>
<tr><td></td><td></td><td></td><td></td><td></td><td></td><td></td><td></td><td></td><td></td><td></td><td></td><td></td><td></td><td></td><td></td><td></td><td></td><td></td></tr>
<tr><td></td><td></td><td></td><td></td><td></td><td></td><td></td><td></td><td></td><td></td><td></td><td></td><td></td><td></td><td></td><td></td><td></td><td></td><td></td></tr>
<tr><td></td><td></td><td></td><td></td><td></td><td></td><td></td><td></td><td></td><td></td><td></td><td></td><td></td><td></td><td></td><td></td><td></td><td></td><td></td></tr>
<tr><td></td><td></td><td></td><td></td><td></td><td></td><td></td><td></td><td></td><td></td><td></td><td></td><td></td><td></td><td></td><td></td><td></td><td></td><td></td></tr>
</table>

2. 다음 글을 원고지 쓰기에 맞게 쓰세요. (특히, 한줄 띄기에 주의하여 쓰세요.)

①

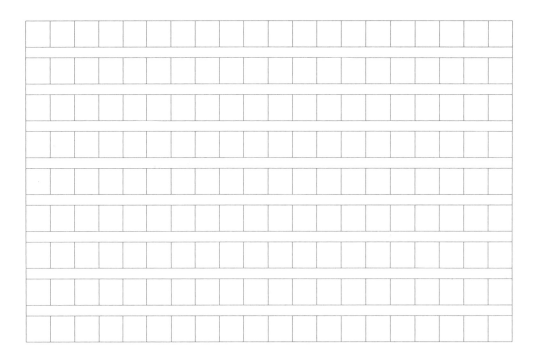

은 노인의 눈에도 눈물이 글썽글썽하였다.
　십칠 야의 교교한 가을 달빛은 앞 창유리 구멍으로 소리없이 고요히 흘러 들어와서 할머니의 가슴에 안기어 누운 영희의 젖은 베개 밑을 들여다보고 있었다.

9

　평양으로 나온 우리 일행은 그 이튿날 아침에 남북으로 뿔뿔이 헤어졌다. 그 후 이 개월쯤 되어 나는 백설이 애애한 북국 어떠한 한 촌 진흙땅 속에서 이러한 Y의 편지를 받았다.

답

124

②

시조를 많이 지어 부르게 되면서 길이가 긴 것들도 생겨났다. 그러나 이 경우에도 초장, 종장에는 큰 변화가 없는 것이 보통이다.

　창 내고자 창을 내고자 이내 가슴에 창 내고자.
　고모장지, 세살장지, 들장지, 열장지, 암톨쩌귀, 수톨쩌귀, 배목걸쇠, 크나큰 장도리로 뚝딱 박아 이 내 가슴에 창 내고자.
　이따금 하 답답할 제면 여닫아 볼까 하노라.

답

(빈 원고지 3줄)

3. 다음 글을 원고지 쓰기에 맞게 쓰세요.

①

> 지금 내 책상 위에는 지난 봄 소풍 때 너와 함께 찍은 사진이 놓여 있어, 네가 웃음 가득한 얼굴로 나를 바라보고 있는 그 사진 말이야.
> 참, 경아야!
> 이번 방학 때, 선생님께서 숙제로 내주신 '환경 오염과 보존'이라는 탐구 보고서는 너와 함께 작성했으면 해, 학교 뒤편의 공단 지역을 통과하는 '대림천'과 내고향에 있는 '감내천'에 대해서 조사해 보자. 오염 정도와 서식하고 있는 생물을 비교, 조사하면 훌륭한 탐구 보고서를 작성할 수 있을 거야. 같이 하는 거지?
> 경아야!
> 이번 일로 나는 너의 소중함을 새삼 깨닫게 되었어. 앞으로도 우리 사이가 영원하도록 노력하자. 그럼 이만 쓴다. 안녕!

답

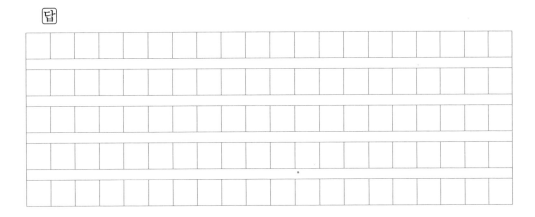

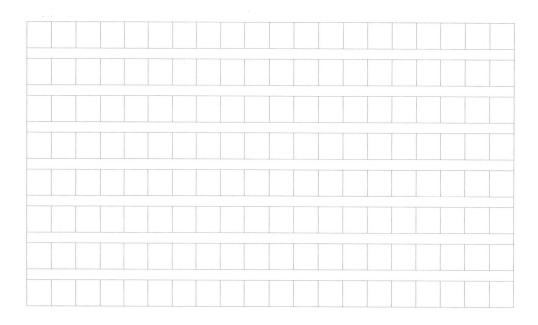

②

(다) 우리를 안내한 농장 직원은

"우리 농장은 단순히 장애인을 수용하는데 그치지 않고, 직업 경험을 통하여 장애인들이 자립할 수 있도록 도와 주고 있습니다. 이곳에서 훈련을 마치고 사회로 나간 장애인들은 모두 사회의 일원으로 열심히 살고 있지요. 신체 장애는 더 이상 장애가 아니라 개인의 신체적 특징임을 증명하고 있는 셈이지요."

하고 말하였다.

(라) 점심을 먹고, 우리는 헬레마노 농장 이곳 저곳을 둘러보았다. 견학을 마치고 나오는데, 한 장애인이 자신이 직접 재배했다는 파인애플을 한 아름 안겨 주며 말하였다.

"장애인들의 가장 큰 장애는 정신이나 신체의 장애가 아니라, 장애인을 바라보는 다른 사람들의 눈초리입니다."

남태평양의 붉은 노을도 우리와 헤어지는 것을 아쉬워하는 듯했다.

답

해 답

1. ①

	강	풍	보	다	는		소	슬	바	람	,	한	낮	보	다	는		해	질
무	렵	,	그	리	고		소	나	기	보	다	는		가	랑	비	를		좋
아	하	는		나	로	서	는		꽃		중	에	서	도		풀	꽃	을	
사	랑	한	다	.	정	말	이	지	,	풀	꽃	이	라	면		나	는		오
랫	동	안		부	담		느	끼	지		않	고		그		작	은		얼
굴	에		시	선	을		고	정	시	켜		둘		수	가		있	다	.
	그	냥		지	나	쳐		버	리	고		마	는		시	골		둑	길
이	나		오	솔	길	의		길	섶	에		아	무	렇	게	나		피	어
있	는		아	주		작	은		꽃	들	.	물	론	,	장	미	나		글
라	디	올	러	스	나		튤	립		같	은		꽃	과		견	주	어	
무	엇		한		가	지		이	겨		낼		재	간	이		없	다	.

②

	창	길	이	는		어	렸	을		때	부	터		무	척		호	기	심
이		많	았	습	니	다	.	한	번		호	기	심	이		생	기	면	
어	떻	게		해	서	라	도		해	결	해	야	만		직	성	이		풀
리	곤		했	습	니	다	.	호	기	심		때	문	에		큰	일	도	
여	러		번		겪	었	습	니	다	.									

　아직　학교에　다니기　전, 어느　해　겨
울이었습니다. 그　날은　눈이　펑펑　내리
고　있었습니다. 창길이는　창　밖으로　내
리는　눈을　바라보면서　문득　이런　생각
을　하게　되었습니다.
　'저　눈은　우리　동네에만　내리는　걸까?
아니면, 이　세상　모든　곳에　다　내리는
걸까?'
　창길이는　가만히　앉아　있을　수가　없
었습니다. 어른들에게　물어　볼　생각도
하지　않고　무턱대고　집을　나섰습니다.
눈이　오는　거리를　따라　열심히　걸었습
니다.

③

　느티나무는　마을　어귀에　우뚝　서　있
었다. 나이가　육백이　넘고, 둥치가　어른
팔로　여섯　아름이나　되는　장대한　나무
였다.
　느티나무는　작은　산이나　마찬가지였다.
그　품에　많은　새들이　모여　살았다. 새

들의 종잘거림이 늘 나무 주위를 감싸고 있었다. 그런데 그 느티나무 아래로 넓은 길이 난다는 소문이 들려 왔다.

"느티나무님, 길이 나면 우리는 시끄러워서 어떻게 살죠?"

한 새가 말하였다.

"조금 시끄럽기는 하겠지만, 자동차가 지나다닐 테니까 구경거리가 생겨 좋지 않겠니? 그러니 참아야지. 우리가 어떻게 해 볼 수도 없는 일이잖아?"

마침내 도로 공사가 시작되었다.

"이 따위 나무가 뭐 대단하다고 길을 돌려서 내라고 한담?"

일꾼들은 느티나무를 연장으로 꽝꽝 치며 투덜거렸다.

④

"그래도 어쩌겠니? 그런 위험은 언제나 우리들 곁에 있는데······."

왕잠자리는 눈알을 데록데록 굴리며 꽁무니를 물 속에 담갔습니다. 꽁무니

가　간들거릴　때마다　물　속에　잠긴　갈
잎　대에　방울방울　왕잠자리의　알이　맺
혔습니다.
　　"찌이, 찌르륵."
　　갑자기　말매미　비명이　들렸습니다. 연
못가　식구들은　몸을　움츠리고　숨을　죽
였습니다.
　　"말매미가　불쌍하게　되었군."
　　왕잠자리의　말이　끝나기가　무섭게　왕
거미가　말매미를　돌돌　감았습니다. 말매
미는　거미줄에　꽁꽁　묶인　채　애처롭게
울다가　끝내　정신을　잃었습니다.

⑤

다른　아이들의　까닭　모를, 거의　절대적
인　복종을　보자　야릇한　오기가　생긴
탓이기도　했다.
　　"왜　그래?"
하고　내가　아랫도리에　힘을　주며　깐깐
하게　묻자, 그가　피식　웃었다.
　　"물어　볼　게　있어."

　"물어볼 게 있다면 네가 이리로 와."
하고 나는 다시 힘을 주어 말했다.
　"뭐?"
　순간, 그의 눈꼬리가 치켜 올라가는 것 같더니, 이내 별소릴 다 듣는다는

⑥
　공주가 가져온 금을 보여주자 "이것이 무엇입니까?" 하며 서동이 크게 웃으며 말하였다. 그는 "금입니다. 이것만 있으면 평생 동안 부자로 살 수 있습니다." 하고 말했다. 그는 다시 "내가 마를 캐던 곳에 가면 이런 것이 많이 있습니다." 라고 말한다. 이어서 "금은 천하의 진귀한 보배이오니 우리 부모님께 보내는 것이 어떻겠습니까?" 라고 한다. 그래자 "좋습니다." 하며 서동이 보낸 금을 받은 진평왕은 그를 신임하여 자주 편지를 보내 안부를 물었다. 서동은 뒤에 민심을 얻어 백제의

왕이 되었다.

2. ①

은 노인의 눈에도 눈물이 글썽글썽하였다.
　십칠 야의 교교한 가을 달빛은 앞창 유리 구멍으로 소리없이 고요히 흘러들어와서 할머니의 가슴에 안기어 누운 영희의 젖은 배게 밑을 들여다보고 고었다.

9

　평양으로 나온 일행은 그 이튿날 아침에 남북으로 뿔뿔이 헤어졌다. 그 후 이 개월쯤 되어 나는 백설이 애애한 북국 어떠한 한 촌 진흙땅 속에서 이러한 Y의 편지를 받았다.

②

　시조를 많이 지어 부르게 되면서 길이가 긴 것들도 생겨났다. 그러나 이

경	우	에	도		초	장	,		중	장	에	는		큰		변	화	가		없
는		것	이		보	통	이	다	.											

(빈 줄)

		창		내	고	자		창	을		내	고	자		이	내		가	슴
에		창		내	고	자	.												
		고	모	장	지	,		세	살	장	지	,		들	장	지	,		열	장	지
	암	톨	쩌	귀	,		수	톨	쩌	귀	,		배	목	걸	쇠	,		크	나	큰
	장	도	리	로		뚝	딱		박	아		이		내		가	슴	에
	창		내	고	자	.												
		이	따	금		하		답	답	할		제	면		여	닫	아		볼
	가		하	노	라	.												

3. ①

지	금		내		책	상		위	에	는		지	난		봄		소	풍
때		너	와		함	께		찍	은		사	진	이		놓	여		있	어	.
네	가		웃	음		가	득	한		얼	굴	로		나	를		바	라	보
고		있	는		그		사	진		말	이	야	.					
참	,		경	아	야	!											
이	번		방	학		때	,		선	생	님	께	서		숙	제	로		내
주	신		'	환	경		오	염	과		보	존	'	이	라	는		탐	구		보
고	서	는		너	와		함	께		작	성	했	으	면		해	.		학	교

뒤편의 공단 지역을 통과하는 '대림천'과 내 고향에 있는 '감내천'에 대해서 조사해 보자. 오염 정도와 서식하고 있는 생물을 비교, 조사하면 훌륭한 탐구 보고서를 작성할 수 있을 거야. 같이 하는 거지?
　경아야!
　이번 일로 나는 너의 소중함을 새삼 깨닫게 되었어. 앞으로도 우리 사이가 영원하도록 노력하자. 그럼 이만 쓴다. 안녕!

②

　(다) 우리를 안내한 농장 직원은
　"우리 농장은 단순히 장애인을 수용하는 데 그치지 않고, 직업 경험을 통하여 장애인들이 자립할 수 있도록 도와 주고 있습니다. 이 곳에서 훈련을 마치고 사회로 나간 장애인들은 모두 사회의 일원으로 열심히 살고 있지요. 신체 장애는 더 이상 장애가

136

아니라 개인의 신체적 특징임을 증명하고 있는 셈이지요."

하고 말하였다.

(라) 점심을 먹고 우리는 헬레마노 농장 이곳 저곳을 둘러보았다. 견학을 마치고 나오는데, 한 장애인이 자신이 직접 재배했다는 파인애플을 한 아름 안겨 주며 말하였다.

"장애인들의 가장 큰 장애는 정신이나 신체의 장애가 아니라, 장애인을 바라보는 다른 사람들의 눈초리입니다. 남태평양의 붉은 노을도 우리와 헤어지는 것을 아쉬워하는 듯했다.

제 2 장

문장 부호와
종류별 원고지 쓰기

1 문장 부호 쓰기

1 부호 표시법

♧ 마침표 . 와 , 는 다음과 같이 합니다.

			.									,				

        (마침표)   (쉼표)

♧ 줄임표 ······ 는 다음과 같이 합니다.

							···	···	.							

                      (줄임표, 마침표)

♧ 큰따옴표 " " 와 작은따옴표 ' ' 는 다음과 같이 합니다.

			"	"								'	'			

        (큰따옴표)   (작은따옴표)

♧ 느낌표 ! 와 물음표 ? 는 다음과 같이 합니다.

		!							?						

      (느낌표)   (물음표)

♧ 쌍점 : 과 줄표 —, 소괄호 ( )는 다음과 같이 합니다.

		:					—				(	)			

(쌍점)　　　　　　　(줄표)　　　　　　　(소괄호)

예 1

청	운	고		아	래	는		둥	근		아	치		모	양	으	로
꾸	며	져		있	어		운	치	를		더	해		주	고		있	었	다
그		아	래	로		작	은		배	가		노	닐	었	을		모	습	을
상	상	하	니	,		신	선	이		사	는		세	상	이		따	로		없
으	리	라		생	각	이		들	었	다	.								

예 2

청	운	고		아	래	는		둥	근		아	치		모	양	으	로
꾸	며	져		있	어		운	치	를		더	해		주	고		있	었	다.
그		아	래	로		작	은		배	가		노	닐	었	을		모	습	을
상	상	하	니,		신	선	이		사	는		세	상	이		따	로		없
으	리	라		생	각	이		들	었	다.									

★ 마침표와 쉼표는 글자와 함께 한 칸에 써도 됩니다.

예 3 (×)

	그		때	,		알		수		없	는		일	이		벌	어	졌	습
니	다	.		구	경	하	고		있	던		아	이	들	이		갑	자	기
큰		소	리	로		웃	어	댔	습	니	다	.		내	가		무	슨	

★ 마침표 쉼표를 한 칸에 쓰고 다시 한 칸을 띄어 쓰는 것은 맞지 않습니다.

예 4

는　없었다.　수많은　눈초리가　나를　지켜
보고　있는　까닭이었다.

　"너희들은　뭐야?"
　"나는　체육부장이고,　쟤는　미화부장이
다."
　"그런데　너희가　왜……."
　"엄석대가,　반장이　와　보라고　한단말
이야!"

예 5

　"그걸　누가　모르나요.　하지만,　아기들
이……."
　"정　그렇다면　당신이나　아기까치들을
데리고　떠나요.　나는　절대로　여기를
떠날　수　없으니까."
　"당신　마음은　잘　알아요.　하지만,　이
제　이　느티나무도　버티지　못하고　잎
이　마르기　시작했는데……."

예 6

"	그	런		것		같	아	요	,		어	머	니	.		나	한	테		이
름	을		묻	고	는			'	우	리		종	씨	네	요	.		난		오
영	자	라	고		해	요	.	'		하	더	니		내		이	름	이		
참		예	쁘	대	요	.	"													

예 7

남	자	3	:		(	화	를		내	며	)			그	래	서			우	리
					먹	을		것	을		그		사	람	에	게			나	눠
					주	기	라	도		했	단		말	이	오	?				
여	인	2	:		(	단	호	하	게	)		난		못		해	요	,		
					못		해	.		절	대	로		못		해	요	!		
여	인	1	:		(	남	자		1	을		향	하	여	)			당	신	
					것	이	나		주	고	,		그		사	람	을		살	리
					든		말	든		마	음	대	로		하	세	요	.		

② 줄 끝에서 부호 처리

글자가 오른쪽 끝 칸을 차지하여 문장 부호를 쓸 칸이 없을 때에는 끝 칸에 글자와 함께 넣거나 오른쪽 옆 면에 처리합니다.(새 줄 첫칸에는 쓰지 않습니다.)

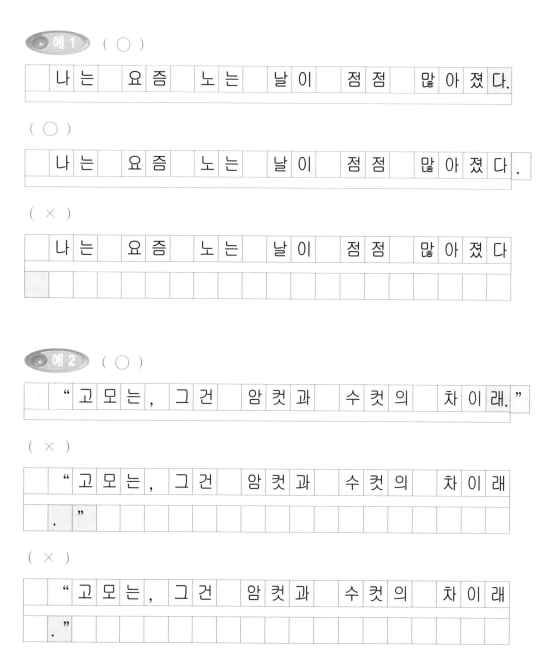

예 3 (○)

「"무슨……. 그 사람이 음악가인가 뭐……"」

(×)

「"무슨……. 그 사람이 음악가인가 뭐
……."」

(×)

「"아냐, 빨리 가야 해 피아노 학원…."」

(×)

「"아냐, 빨리 가야 해 피아노 학원
…."」

예 4 (○)

「"그가 정말로 그런 사람인지 몰랐죠?"」

(×)

「"그가 정말로 그런 사람인지 몰랐죠
?"」

(×)

「"그가 정말 그런 사람인지 몰랐죠?
"」

예 5 (○)

	동해에서	보는	일출이	관경은	정말로!
신비로운	장관을	이루고	있었던	게구나	

(×)

	동해에서	보는	일출의	관경은	정말로
신비로운	장관을	이루고	있었던	게구나	
!					

예 6 (○)

	송	서방이	성냥불을	그어	생선 (등잔)
심지에	불을	붙이니	방안이	환해졌다.	

(×)

	송	서방이	성냥불을	그어	생신 (등잔
)	심지에	불을	붙이니	방안이	환해졌
다.					

연습문제

1. 다음 글을 원고지 쓰기에 맞게 옮겨 쓰세요. (특히 문장 부호에 주의하여 쓰세요.)

> 　새벽 안개를 헤치며 동쪽 벌과 경주를 향해 고속 도로를 달렸다. 부챗살처럼 퍼지는 햇살을 가슴으로 안으며 버스는 신나게 달렸다.
> 　"동방에서도 아침 햇살이 맨 먼저 닿는 땅!"
> 　이것은 따뜻하고 아름다운 경주를 일컫는 말이다. 경주의 원래 이름은 새벌이었다. '새'는 '샛바람', 즉 동풍을 말할 때의 그 '새'와 같은 뜻이고, '벌'은 벌판을 뜻하니, '새벌'은 동쪽 벌판이라는 뜻이다. '서라벌'이라는 이름도 여기서 따온 것이라고 한다. 햇살이 가장 먼저 닿는 동쪽 벌판이라는 신라의 문화는 눈부시도록 화려한 꽃을 피웠던 것이다.

답

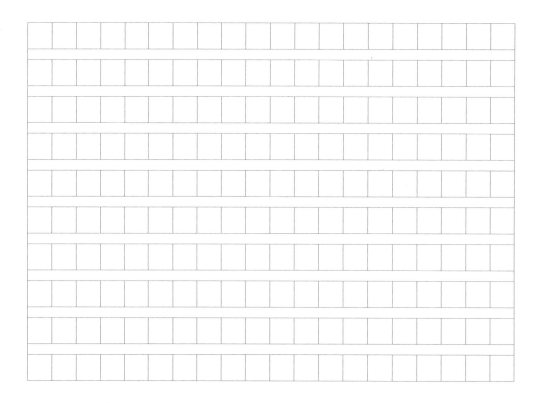

②

　며칠 뒤에, 환인은 떠날 채비를 하는 환웅을 불러 몇 가지 선물을 주었다.
　"이것은 거울이고, 이것은 칼이다. 또, 이것은 방울이다. 하늘에 있는 아버지가 내린 왕의 증표이니, 천부인이라 일러라. 이는 내가 하늘나라를 다스리는 원리이니라."
　"이 천부인에는 어떤 뜻이 들어 있습니까?"
　"거울은 태양, 곧 둥근 해를 가리킨다. 한 나라의 태양인 왕이 항상 이 거울을 보고 자신을 비추며 스스로 반성하라는 뜻이다. 또, 둥근 모양처럼 원만한 성품을 가지고 백성을 다스리라는 뜻이다."
　"칼은 무엇을 의미합니까?"

답

148

③

> "서울 가선 지금보다 더 열심히 공부해서 훌륭한 사람이 돼야 한다. 인제는 개구쟁이짓 그만 하고."
> "선생님……."
> 나는 나오는 눈물을 꾹 참았다. 아이들 몇몇이 훌쩍였다.
> 떠나가는 나에게 동무들이 마지막으로 불러 준 노래가 있었다.
> 바로 '나뭇잎배'였다. 그런 추억 때문에 나는 이 노래를 잊을 수 없다. 지금도 누군가 이 노래를 부르면 괜스레 눈물이 글썽거려진다.

답

해 답

1. ①

	새	벽		안	개	를		헤	치	며		동	쪽		벌	판		경	주
를		향	해		고	속	도	로	를		달	렸	다	.	부	챗	살	처	럼
퍼	지	는		햇	살	을		가	슴	으	로		안	으	며		버	스	는
신	나	게		달	렸	다	.												
	"	동	방	에	서	도		아	침		햇	살	이		맨		먼	저	
닿	는		땅	!	"														
	이	것	은		따	뜻	하	고		아	름	다	운		경	주	를		일
컫	는		말	이	다	.	경	주	의		원	래		이	름	은		새	벌
이	었	다	.		'	새	'	는			'	샛	바	람	'	,		즉		동	풍	을
말	할		때	의		그			'	새	'	와		같	은		뜻	이	고	,
'	벌	'	은		벌	판	을		뜻	하	니	,		'	새	벌	'	은		동
쪽		벌	판	이	라	는		뜻	이	다	.		'	서	라	벌	'	이	라	는
이	름	도		여	기	서		따	온		것	이	라	고		한	다	.	햇
살	이		가	장		먼	저		닿	는		동	쪽		벌	판	에	서	
신	라	의		문	화	는		눈	부	시	도	록		화	려	한		꽃	을
피	웠	던		것	이	다	.												

②

　며칠 뒤에, 환인은 떠날 채비를 하는 환웅을 불러 몇 가지 선물을 주었다.

　"이것은 거울이고, 이것은 칼이다. 또 이것은 방울이다. 하늘에 있는 아버지가 내린 왕의 증표이니, 천부인이나 일러라. 이는 내가 하늘나라를 다스리는 원리이니라."

　"이 천부인에는 어떤 뜻이 들어 있습니까?"

　"거울은 태양, 곧 둥근 해를 가리킨다. 한 나라의 태양인 왕이 항상 이 거울을 보고 자신을 비추며 스스로 반성하라는 뜻이다. 또, 둥근 모양처럼 원만한 성품을 가지고 백성을 다스리라는 뜻이다."

　"칼은 무엇을 의미합니까?"

③

　“서울　가선　지금보다　더　열심히　공
부해서　훌륭한　사람이　돼야　한다. 인
제는　개구쟁이짓　그만　하고.”
　“선생님…….”
　나는　나오려는　눈물을　꾹　참았다. 아
이들　몇몇이　훌쩍였다.
　떠나가는　나에게　동무들이　마지막으로
불러　준　노래가　있었다. 바로　‘나뭇잎
배’였다. 그런　추억　때문에　나는　이
노래를　잊을　수　없다. 지금도　누군가
이　노래를　부르면　괜스레　눈물이　글썽
거려진다.

❷ 글 종류별 원고지 쓰기

<소설>

운수 좋은 날

현진건

새침하게 흐린 품이 눈이 올 듯하더니 눈은 아니 오고, 얼다가 만 비가 추적추적 내리었다.

이 날이야말로, 동소문 안에서 인력거꾼 노릇을 하는 김 첨지에게는 오래간만에도 닥친 운수 좋은 날이었다. 문 안에(거기도 문 밖은 아니지만) 들어간답시는 앞집 마나님을 전찻길까지 모셔다 드린 것을 비롯하여, 행여나 손님이 있을까 하고 정류장에서 어정어정하며 내리는 사람 하나하나에게 거의 비는 듯한 눈결을 보내고 있다가, 마침내 교원인 듯한 양복쟁이를 동광학교까지 태워다 주기로 되었다.

	<	소	설	>										
				운	수		좋	은		날				
										현	진	건		
	새	침	하	게		흐	린		품	이		눈	이		올		듯	하	더
니		눈	은		아	니		오	고	,	얼	다	가		만		비	가
추	적	추	적		내	리	었	다	.					
	이		날	이	야	말	로	,	동	소	문		안	에	서		인	력	거

꾼		노	릇	을		하	는		김		첨	지	에	게	는		오	래	간
만	에	도		닥	친		운	수		좋	은		날	이	었	다	.		문
안	에		(	거	기	도		문		밖	은		아	니	지	만	)		들
어	간	답	시	는		앞	집		마	나	님	을		전	찻	길	까	지	
모	셔	다		드	린		것	을		비	롯	하	여	,		행	여	나		손
님	이		있	을	까		하	고		전	찻	길	까	지			모	셔	다
드	린		것	을		비	롯	하	여	,		행	여	나		손	님	이		있
을	까		하	고		정	류	장	에	서		어	정	어	정	하	며		내
리	는		사	람		하	나	하	나	에	게		거	의		비	는		듯
한		눈	결	을		보	내	고		있	다	가	,		마	침	내		교	원
인		듯	한		양	복	쟁	이	를		동	광	학	교	까	지		태	워
다		주	기	로		되	었	다	.										

<시>

자화상

산모퉁이를 돌아 논가 외딴 우물을 홀로 찾아가선 가만히 들여다봅니다.

우물 속에는 달이 밝고 구름이 흐르고 하늘이 펼치고 파아란 바람이 불고 가을이 있습니다.

그리고 한 사나이가 있습니다.
어쩐지 그 사나이가 미워져 돌아갑니다.

돌아가다 생각하니 그 사나이가 가엾어집니다.
도로 가 들여다보니 사나이는 그대로 있습니다.

다시 그 사나이가 미워져 돌아갑니다.
돌아가다 생각하니 그 사나이가 그리워집니다.

우물 속에는 달이 밝고 구름이 흐르고 하늘이 펼치고 파아란 바람이 불고 가을이 있고 추억처럼 사나이가 있습니다.

< 시 >

자 화 상

　　산　모퉁이를　돌아　외딴　우물을　홀로　찾아가선　가만히　들여다봅니다.

　　우물　속에는　달이　밝고　구름이　흐르고　하늘이　펼치고　파아란　바람이　불고　가을이　있습니다.

　　그리고　한　사나이가　있습니다.
　　어쩐지　그　사나이가　미워져　돌아갑
니다.

　　돌아가다　생각하니　그　사나이가　가
엾어집니다.
　　도로　가　들여다보니　사나이는　그대
로　있습니다.

　　다시　그　사나이가　미워져　돌아갑니
다.
　　돌아가다　생각하니　그　사나이가　그
리워집니다.

　　우물　속에는　달이　밝고　구름이　흐
르고　하늘이　펼치고　파아란　바람이
불고　가을이　있고　추억처럼　사나이가
있습니다.

<전래동요>

자장노래

뒤뜰에 우는 송아지,
뜰 앞에 우는 비둘기,
언니 등에 우리 아기
숨소리 곱게 잘도 자지.
앞산 수풀 도깨비
방망이 들고 온다지.
덧문 닫고 기다리지.
건너 동네 다리 아래
홍수 물이 벌겋네.

앞산 밑에 큰아기네
심은 호박이 꽃피었네.
김 매는 형님 아니 오네,
고운 졸음만 혼자 오네.
우리 아기 잘도 자네.
뒷집 개도 잘도 잔다.
앞집 개도 잘도 잔다.

<전래동요>

　　　　　　자장 노래

　　뒤뜰에 우는 송아지,

　　뜰 앞에 우는 비둘기,

　　언니 등에 우는 아기

　　숨소리 곱게 잘도 자지.

　　앞산 수풀 도깨비

　　방망이 들고 온다지.

　　덧문 닫고 기다리지.

　　건너 동네 다리 아래

　　홍수 물이 벌겋네.

　　앞산 밑에 큰아기네

　　심은 호박이 꽃피었네.

　　김 매는 형님 아니 오네,

　　고운 졸음만 혼자 오네.

　　우리 아기 잘도 자네.

　　뒷집 개도 잘도 잔다.

　　앞집 개도 잘도 잔다.

158

<시조1>

이고 진 저 늙은이 짐 벗어 나를 주오.
나는 젊었으니 돌인들 무거울까.
늙기도 서러웁거든 짐조차 지실까.

<시조>

이고 진 저 늙은이 짐 벗어 나를
주오.
나는 젊었으니 돌인들 무거울까.
늙기도 서러웁거든 짐조차 지실까.

<시조2>
바둑판같이 얽은 사람아, 제발 빈다 네게.
물가에 오지 마라. 눈 큰 준치, 허리 긴 갈치, 친친 감아 가물치,
문어의 아들 낙지, 넙치의 딸 가자미, 곱사등이 새우, 배부른 올챙
이, 친척 많은 곤쟁이, 고독한 뱀장어, 집채 같은 고래와 바늘 같은
송사리, 눈 긴 농게, 입 작은 병어가 네 얼굴 보고서 그물인 줄 알고
펄펄 뛰어 다 달아나는데, 열없이 생긴 오징어는 쩔쩔매고, 그놈의

손자 꼴뚜기는 겁만 잔뜩 먹었는데, 바소 같은 말거머리와 귀영자 같은 장구애비는 아무것도 모르고 저희들끼리 시시덕거리며 좋아 하더라.

아마도 네가 물가에 오면 고기 못 잡아 큰일이다.

	<	시	조	>											
	바	둑	판	같	이		얽	은		사	람	아	,	제	발		빈	다
네	게	.													
	물	가	에		오	지		마	라	.	눈		큰		준	치	,	허	리
긴		갈	치	,	친	친		감	아		가	물	치	,	문	어	의		아
들		낙	지	,	넙	치	의		딸		가	자	미	,	곱	사	등	이
새	우	,	배	부	른		올	챙	이	,	친	척		많	은		곤	쟁	이	,
고	독	한		뱀	장	어	,	집	채		같	은		고	래	와		바	늘
같	은		송	사	리	,	눈		긴		농	게	,	입		작	은		병
어	가		네		얼	굴		보	고	서		그	물	인		줄		알	고
펄	펄		뛰	어		다		달	아	나	는	데	,	열	없	이		생	긴
오	징	어	는		쩔	쩔	매	고	,	그	놈	의		손	자		꼴	뚜	기
는		겁	만		잔	뜩		먹	었	는	데	,	바	소		같	은		말
거	머	리	와		귀	영	자		같	은		장	구	애	비	는		아	무
것	도		모	르	고		저	희	들	끼	리		시	시	덕	거	리	며

좋	아	하	더	라	.									
	아	마	도		네	가		물	가	에		오	면		고	기		못
잡	아		큰	일	이	다	.								

<희곡>

놀부전

때 : 옛날

곳 : 어느 농촌 마을

나오는 사람들 : 놀부, 놀부 아내, 흥부, 흥부 아내, 아낙네들(1, 2, 3), 농부들(1, 2, 3), 노인들(1, 2, 3), 하인들, 해설자

　무대 배경은 특별히 필요하지 않다. 단지, 농촌 분위기를 느낄 수 있는 소품 몇 개만 있으면 된다. 장면은 무대 위에서 수시로 조명에 의해 바뀐다.

　막이 오르면, 농촌 마을의 너른 마당이 펼쳐진다. 어둠 속에서 사람들이 고개를 숙인 채 흩어져 꼼짝 않고 서 있다. 석고상 같다. 무대가 천천히 밝아지면서 꽹과리 소리가 울리기 시작한다. 이어서 장구, 북, 징, 소고 등이 한데 어우러진다. 사람들 흥겹게 어깻짓을 하며 노래 부른다. '놀부전'이라고 쓴 파란 천의 깃발도 함께 나부낀다.

함　께 : 옛날 옛날 한 옛날에

　　　　흥부 놀부 살았다네.

　　　　맘씨 고운 동생 흥부

　　　　제비 다리 고쳐 주고

< 희곡 >

놀부전

때 : 옛날

곳 : 어느 농촌 마을

나오는 사람들 : 놀부, 놀부 아내, 흥부, 흥부 아내, 아낙네들 (1, 2, 3), 하인들, 해설자

　무대 배경은 특별히 필요하지 않다. 단지, 농촌 분위기를 느낄 수 있는 소품 몇 개만 있으면 된다. 장면은 무대 위에서 수시로 조명에 의해 바뀐다.

　막이 오르면, 농촌 마을의 너른 마당이 펼쳐진다. 어둠 속에서 사람들이 고개를 숙인 채 흩어져 꼼짝 않고 서 있다. 석고상 같다. 무대가 천천히 밝아지면서 꽹과리 소리가 울리기 시작한다. 이어서 장구, 북, 징, 소고 등

이		한	데		어	우	러	진	다	.	사	람	들		흥	겹	게

이 한데 어우러진다. 사람들 흥겹게 어깻짓을 하며 노래 부른다. '놀부전'이라고 쓴 파란 천의 깃발도 함께 나부낀다.

함께 : 옛날 옛날 한 옛날에
　　　　흥부 놀부 살았다네.
　　　　맘씨 고운 동생 흥부
　　　　제비 다리 고쳐 주고

〈논설문〉

좋은 습관을 기르자

나는 아침 여섯 시에 일어나 할아버지와 함께 뒷산 약수터에 간다. 처음에는 여섯 시에 일어나는 것이 무척 힘들었다. 할아버지께서 몇 번씩 깨워야 겨우 눈을 떴다. 그런데 일 주일쯤 지나고 나니까 쉬워졌다. 여섯 시쯤 되면 누가 깨우지 않아도 스스로 일어나게 되었다. 어떤 일을 여러 번 되풀이하여 그 일이 저절로 몸에 배어 버린 것이 바로 습관이다.

그러면 좋은 습관을 기르면 왜 좋으며, 어떻게 해야 좋은 습관이 몸에 배게 할 수 있는지를 생각하여 보자.

< 논 설 문 >

　　　　좋은　습관을　기르자

　나는　아침　여섯　시에　일어나　할아버지와　함께　뒷산　약수터에　간다. 처음에는　여섯　시에　일어나는　것이　무척　힘들었다. 할아버지께서　몇　번씩　깨워야　겨우. 눈을　떴다. 그런데　일　주일쯤　지나고　나니까　쉬워졌다. 여섯　시쯤　되면　누가　깨우지　않아도　스스로　일어나게　되었다. 어떤　일을　여러　번　되풀이하여　그　일이　저절로　몸에　배어　버린　것이　바로　습관이다.

　그러면　좋은　습관을　기르면　왜　좋으며, 어떻게　해야　좋은　습관이　몸에　베게　할　수　있는질를　생각하여　보자.

<일기>

종하의 일기

7월 ○일 ○요일 흐림

친구들이 놀다 가자고 하는 것도 뿌리치고, 다른 날보다 집에 일찍 돌아와서 바로 책상 앞에 앉았다. 지난 목요일에 어머니께서 생일 선물로 사 주신 '톰 소여의 모험'을 읽기 위해서였다. 이 책은 처음부터 아주 흥미진진하였다.

톰은 이모와 함께 사는 맨발의 소년이다. 톰이나 나나 똑같은 아이인데, 톰은 맨발에 익숙해져 있고, 나는 신발, 아니 그 안에 양말까지 신는 생활에 젖어 있다.

&lt;	일	기	&gt;																
						종	하	의		일	기								
	7	월		○	일		○	요	일		흐	림							
	친	구	들	이		놀	다		가	자	고		하	는		것	도		뿌
리	치	고	,	다	른		날	보	다		집	에		일	찍		돌	아	와
서		바	로		책	상		앞	에		앉	았	다	.	지	난		목	요
일	에		어	머	니	께	서		생	일		선	물	로		사		주	신
'	톰		소	여	의		모	험	'	을		읽	기		위	해	서	였	다 .
이		책	은		처	음	부	터		아	주		흥	미	진	진	하	였	다 .

	톰	은		이	모	와		함	께		사	는		맨	발	의		소	년
이	다	.	톰	이	나		나	나		똑	같	은		아	이	인	데	,	톰
은		맨	발	에		익	숙	해	져		있	고	,	나	는		신	발	,
아	니		그		안	에		양	말	까	지		신	는		생	활	에	
젖	어		있	다	.														

<편지>

경아의 편지

선숙이에게

날씨가 무척 덥지? 뉴스에서도 계속되는 가뭄으로 남쪽 지방의 농부 아저씨들이 걱정이 많다고 하는구나.

네 편지를 받고 얼마나 부끄러웠는지 몰라. 내가 비겁하게 행동했는데도 오히려 너는 나를 감싸 주려고 했으니 말이야.

그 날, 선생님께서 부르셨을 때, 나는 나도 모르게 거짓말을 하고 말았어. 그처럼 화가 난 선생님 모습을 본 적이 없기 때문에 엉겁결에 그런 말을 하게 된 거야. 지금 생각해도 나 자신을 이해할 수 없어.

<중략>

○월 ○일
너의 소중한 벗 경아가

< 편지 >

경아의 편지

선숙이에게

　날씨가 무척 덥지? 뉴스에서도 계속 되는 가뭄으로 남쪽 지방의 농부 아저씨들이 걱정이 많다고 하는구나.

　네 편지를 받고 얼마나 부끄러웠는지 몰라. 내가 비겁하게 행동했는데도 오히려 너는 나를 감싸 주려고 했으니 말이야.

　그 날, 선생님께서 부르셨을 때, 나는 나도 모르게 거짓말을 하고 말았어. 그처럼 화가 난 선생님 모습을 본 적이 없기 때문에 엉겁결에 그런 말을 하게 된 거야. 지금 생각해도 나 자신을 이해할 수 없어.

< 중략 >

○월 ○일

				너	의		소	중	한		벗		경	아	가	

❸ 원고지 고치기

① 원고지 교정 부호와 방법

부호	이 름	사용하는 경우	표시 방법	고쳐진 모습
∨	띄 음 표	띄어 써야 할 곳을 붙여 썼을 때	소 한 마 리 가	소 한 마 리 가
▽	둠 표	띄어 쓰려다가 다시 원상태로 둘 때	것 이 었 습 니 다 .	것 이 었 습 니 다 .
⌄	고 침 표	틀린 글자나 내용을 바꿀 때	어느 골목길을 안 골 목 길 을 .	어 느 골 목 길 을
∧	부 호 넣 음 표	밑에 찍는 문장 부호를 넣을 때	머 리 큰 모 자 ,	머 리 큰 , 모 자
═	지 움 표	필요없는 내용을 지울 때	아 침 에 아 침 에 학 교 로 가 는	아 침 에 학 교 로 가 는
⌣	넣 음 표	글자나 부호가 빠졌을 때	쓰지 막 말 라 고	막 쓰 지 말 라

부호	이 름	사용하는 경우	표시 방법	고쳐진 모습
✎	빼기표	필요 없는 글자를 없앨 때	모모두들 울음	모두들 울음을
⌒	붙임표	붙여야 할 곳이 떨어져 있을 때	한걸 음에 달	한걸음에 달려
∽	자리바꿈표	글자, 단어의 앞 뒤 순서를 바꿀 때	어떤 나는	나는 어떤
⌐	오른자리옮김표	오른쪽으로 자리를 옮길 때 / ⓐ를 ⓑ의 위치로 옮긴다는 부호	나는 자꾸만	나는 자꾸만
⌐	왼 자 리옮김표	왼쪽으로 자리를 옮길 때	나는 자꾸만	나는 자꾸만
⌐	줄바꿈표	한 줄로 된 것을 두 줄로 바꿀 때	싫었습니다. 어느 골목	싫었습니다. / 어느 골목에

② 원고지 고치기의 실제

♣ 원고지 고치기의 실례를 글과 함께 보입니다. '글'에서 '고친 원고지'까지를 자세히 비교해 봅시다.

【글 1】

> 나는 다시 일어섰다. 어디선가 물 흐르는 소리가 나를 끌었기 때문이었다. 물은 둑 아래에서 흐르고 있었다. 얼음으로 덮였던 시내가 어느 새 풀려, 봄 노래를 부르고 있었다.
>
> 시냇물의 노래를 들으며 수문 가까이에 이르니, 염소 두 마리가 이른 봄맞이를 하고 있었다. 염소들은 풀을 뜯지 못해 출출한지 연방 '매애매애' 하고 울어 댔다.

【고친글 1】

나	는		다	시	일	어	섰	다	.		어	디		선	가		물		흐
르	는		소	가	리		나	를		끌	었	기		때	문	이	었	다	.
물	물	은		뚝		아	래		에	서		흐	르	고		있	었	다	.
얼	음	으	로		만	들	든		시	내	가		어	느		새		풀	려	,
봄		노	래	를		부	르	고		있	었	습	니	다	.		시	냇	물	의
노	래	를		들	으	며		수	문	가	까	이	에		이	르	니	,		염
소		두		마	리	가		봄	맞	이	를		이	른		하	고		있
었	다	.		염	소	들	은		풀	을		먹	지		못	해		출	출	한
지		연	방		'	매	매	애	'		하	고	울	어		댔	다	.

【 다시 쓴글 1】

	나	는		다	시		일	어	섰	다	.	어	디	선	가		물		흐
흐	는		소	리	가		나	를		끌	었	기		때	문	이	었	다	.
물	은		둑		아	래	에	서		흐	르	고		있	었	다	.	얼	음
으	로		덮	였	던		시	내	가		어	느		새		풀	려	,	봄
노	래	를		부	르	고		있	었	다	.								
	시	냇	물	의		노	래	를		들	으	며		수	문		가	까	이
에		이	르	니	,	염	소		두		마	리	가		이	른		봄	맞
이	를		하	고		있	었	다	.	염	소	들	은		풀	을		뜯	지
못	해		출	출	한	지		연	방		'	매	애	매	애	'		하	고
울	어		댔	다	.														

【 글 2】

　　셋째, 고운 말을 써야 한다. "말은 그 사람의 인격을 나타낸다."고 한다. 이 격언은 말이 그 사람의 마음씨와 생각을 드러낸다는 뜻이다. 마음씨는 눈에 보이지도 않고 손으로 만질 수도 없지만, 우리는 말씨를 통하여 그 사람의 마음씨를 알게 된다. 고운 마음씨를 가진 사람은 고운 말을 쓰게 되고, 고운 말을 쓰는 사람은 고운 몸가짐과 마음씨를 가지는 것이 보통이다.

【고친글 2】

셋째, 고운 말을 써야 한다. "말은 그
인격을 사람의 나타낸다."고 한다. 이
격언은 말이 그 사의 마음음씨와 생
각을 드러낸다는 뜻이다. 마음씨는 눈
에 보이지도 않고 입으로 만질 수도
없지만, 우리는 말씨를 통하여 그 사
람의 마음씨를 알게 된다.
　고운 마음씨를 가진 사람은 고마운
말을 쓰게되고, 고운 마음씨를 가진 사
람은 고운말을 쓰게 되고, 고운 말을
쓰는 사람은 고운몸가짐과 마음 씨를
가지는 것이 보이통다.

【다시 쓴글 2】

　셋째, 고운 말은 써야 한다. "말은
그 사람의 인격을 나타낸다."고 한다.
이 격언은 말이 그 사람의 마음씨와
생각을 드러낸다는 뜻이다. 마음씨는 눈
에 보이지도 않고 손으로 만질 수도
없지만, 우리는 말씨를 통하여 그 사람

의		마	음	씨	를		알	게		된	다	.		고	운		마	음	씨	를
가	진		사	람	은		고	운		말	을		쓰	게		되	고	,		고
운		말	을		쓰	는		사	람	은		고	운		몸	가	짐	과		
마	음	씨	를		가	지	는		것	이		보	통	이	다	.				

연 습 문 제

1. 다음 글을 원고지에 옮겨 적은 것입니다. '원고지 쓰기에 틀린 곳'을 고쳐
   보세요.

【 글 1 】

> 우리 동네 아파트 단지 입구에 작은 상점을 얻어 배추를 파는 아저
> 씨가 있었습니다.
> 어느 날, 학교에서 돌아오는데 아저씨는 가게 앞에서 낯선 강아지
> 를 목욕시키고 있었습니다. 그런데 강아지를 보니 한쪽 눈이 일그러
> 져 있었습니다.

【 원고지에 옮겨 적은 글 】

우	리		동	네		아	파	트	단	지	입	구	에		작	은		상	점
을		얻	어		배	추	를		파	는		아	저	씨	가		있	었	습
니	다	.																	
	어	느	날	,		학	교		에	서		돌	아	오	는	데		아	저	씨
는		가	방		앞	에	서		낯	선		강	아	지	를		목	욕	시
키	고		있	었	습	니	다	.		그	런	데		강	아	지	를		보	니
한	쪽		눈	이		일	그	러	져		있	었	습	니	다	.			

• 위에 고친 것을 아래 원고지에 다시 적어 봅시다.

【글 2】

> "철우야, 왜 이렇게 늦었니?"
> 집에 도착하자, 마당에서 농기구를 손질하고 계시던 아버지께서 물으셨다.
> "봄이 오는 소리를 듣느라고 좀 늦었어요."
> "뭐? 봄이 오는 소리?"
> "네, 봄이 오는 소리요. 그런데 서울 고모님과 은하도 봄이 오는 소리를 들을까요?"
> "듣겠지. 봄은 어디나 찾아가니까."

【원고지에 옮겨 적은 글】

"	철	수	야	,		왜		이	렇	게		늦	었	니	?	"			
	집	에		도	착	하	자	마	자	,		마	당	에	서		농	기	구 를
손	질	하	고		있	던		아	버	께	서		물	으	으	셨	다	.	

“봄이 오는 소리를 들랴느고 좀 늦었어요.” “뭐? 봄이 오는 소리?” “네, 봄이 오는 소리요. 그런데서울 고모님과 은주도 봄이오는 소소리를 듣을까요?” “듣겠지, 봄은 어디나 찾아가니까!”

• 위의 고친 것을 아래 원고지에 다시 적어봅시다.

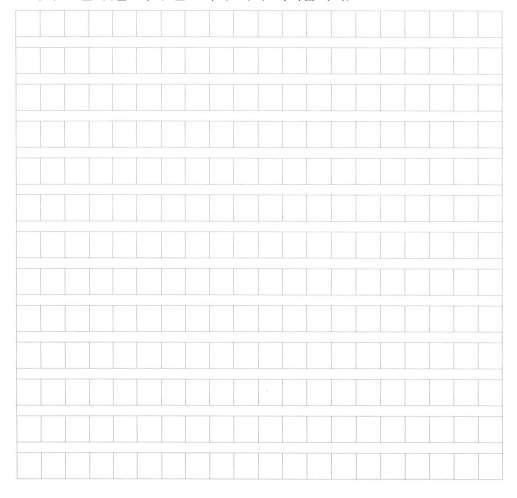

【글 3】

　　누나는 코웃음을 치고는 밖으로 나갔다. 그래도 나는 영지 이야기를 할 수가 없었다. 누나에게도 어머니께도 말하고 싶지 않았다. 피아노도 칠 수가 없었다. 그럴 리 없겠지만, 영지가 내가 치는 피아노 소리를 듣고 자기가 세들어 사는 집이 우리 집인 걸 알 것만 같았기 때문이었다.
　　저녁에 밥을 먹으면서 어머니께서는 영지 이야기를 하셨다.

【원고지에 옮겨 적은 글】

	누	가	는		코	웃	음	음	을		치	고	는	밖	으	로		나	갔
다	.	그	도	래		나	는		영	지	영	지		이	야	기	를		할
수	가		없		었	다	.		누	나	에	게	도		어	머	니	께	말
하	고		싶	지		않	았	다	.	피	아	노	를		칠	수	가		없
엇	다	.		그	럴	리	없	겠	지	만	,		영	지	가		내	가	가	치
는		피	아	노		소	리	를		듣	고		가	자	가		세	들	어
사	는		집	이		우	리		집	인		알		걸		것	만		같
았	기		때	문	이	다	.												
	저	녁	에		밥	밥	을		먹	면	으	시		어	머	니	께	서	는
영	지		이	야	기	를		하	셨	다	.								

• 위에 고친 것을 아래 원고지에 다시 적어 봅시다.

해 답

1. 【글1】

우	리		동	네		아	파	트	단	지	입	구	에		작	은		상	점
을		얻	어		배	추	를		파	는		아	저	씨	가		있	습	었
니	다	.																	
	어	느	날	,	학	교		에	서		돌	아	오	는	데		아	저	씨
는		가	방		앞	에	서		낯	선		강	아	지	를		목	욕	시
키	고		있	었	습	니	다	.		그	런	데		강	아	지	를		보	니
한	쪽		눈	이		일	그	러	져		있	었	습	니	다	.			

• 원고지에 옮겨 온 글

	우	리		동	네		아	파	트		단	지		입	구	에		작	은
상	점	을		얻	어		배	추	를		파	는		아	저	씨	가		있
었	습	니	다	.															
	어	느		날	,	학	교	에	서		돌	아	오	는	데		아	저	씨
는		가	게		앞	에	서		낯	선		강	아	지	를		목	욕	시
키	고		있	었	습	니	다	.		그	런	데		강	아	지	를		보	니
한	쪽		눈	이		일	그	러	져		있	었	습	니	다	.			

【글 2】

  "철수야, 왜 이렇게 늦었니?"
  집에 도착하자마자, 마당에서 농기구를
손질하고 있던 아버께서 물으으셨다.
  "봄이 오는 소리를 들라느고 좀 늦었
어요." "뭐? 봄이 오는 소리?"
  "네, 봄이 오는 소리요. 그런데 서울 고
모님과 은주도 봄이 오는 소소리를 들을
까요?"
  "들겠지, 봄은 어디나 찾아가니까!"

• 원고지에 옮겨온 글

    "철수야, 왜 이렇게 늦었니?"
    집에 도착하자, 마당에서 농기구를 손
질하고 계시던 아버지께서 물으셨다.
    "봄이 오는 소리를 듣느라고 좀 늦
었어요."
    "뭐? 봄이 오는 소리?"
    "네, 봄이 오는 소리요. 그런데 서울
    고모님과 은하도 봄이 오는 소리를

	들	었	을	까	요	?	”							

	“	듣	겠	지	.	봄	은		어	디	나		찾	아	가	니	까	.”

【글 3】

		누	가	는		코	웃	음	음	을		치	고	는	밖	으	로		나	갔
다	.	그	도	래		나	는		영	지	영	지		이	야	기	를		할
수	가		없		었	다	.	누	나	에	게	도		어	머	니	께		말
하	고		싶	지		않	았	다	.	피	아	노	를		칠	수	가		없
었	다	.	그	럴	리	없	겠	지	만	,	영	지	가		내	가	가		치
는		피	아	노		소	리	를		듣	고		가	자	가		세	들	어
사	는		집	이		우	리		집	인		알		걸		것	만		같
았	기		때	문	이	다	.												
		저	녁	에		밥	밥	을		먹	면	으	서		어	머	니	께	서	는
영	지		이	야	기	를		하	셨	다	.								

• 원고지에 옮겨 적은 글

		누	나	는		코	웃	음	을		치	고	는		밖	으	로		나	갔
다	.	그	래	도		나	는		영	지		이	야	기	를		할		수
가		없	었	다	.	누	나	에	게	도		어	머	니	께	도		말	하
고		싶	지		않	았	다	.	피	아	노	를		칠		수	가		없
었	다	.	그	럴		리		없	었	겠	지	만	,	영	지	가		내	가

182

|치|는| |피|아|노| |소|리|를| |듣|고| |자|기|가| |세|들|
|어| |사|는| |집|이| |우|리| |집|인| |걸| |알| |것|만|
같	았	기		때	문	이	었	다	.										
	저	녁	에		밥	을		먹	으	면	서		어	머	니	께	서	는	
영	지		이	야	기	를		하	셨	다	.									

판권 본사 소유

어린이 원고지 바로쓰기 길잡이

어린이 원고지 쓰기

2021년 5월 25일 인쇄
2021년 5월 30일 발행

지은이 | 신한국사연구회
펴낸이 | 최 원 준

펴낸곳 | 태 을 출 판 사
서울특별시 중구 다산로38길 59(동아빌딩내)
등 록 | 1973. 1. 10(제1-10호)

■ **주문 및 연락처**
우편번호 04584
서울특별시 중구 다산로38길 59 (동아빌딩내)
전화 : (02)2237-5577   팩스 : (02)2233-6166

ISBN 978-89-493-0633-9   03370